KAC 공항서비스

제1회 모의고사

성명		생년월일	
문제 수(배점)	70문항	풀이시간	/ 60분
영역	직업기초능력평가		
비고	객관식 4지선다형		

✳ 유의사항 ✳

- 문제지 및 답안지의 해당란에 문제유형, 성명, 응시번호를 정확히 기재하세요.
- 모든 기재 및 표기사항은 "컴퓨터용 흑색 수성 사인펜"만 사용합니다.
- 예비 마킹은 중복 답안으로 판독될 수 있습니다.

1. 다음 제시된 단어와 의미가 상반된 단어를 고르시오.

영전

① 등진   ② 승계

③ 좌천   ④ 승양

2. 다음에 제시된 단어와 의미가 상반된 단어는?

방임(坊任)

① 방치   ② 자유

③ 방종   ④ 통제

3. 다음 중 제시된 단어가 나타내는 뜻을 모두 포괄할 수 있는 단어는?

미치다 / 응하다 / 맡아 두다 / 따다

① 주다   ② 들다

③ 묶다   ④ 받다

4. 다음 중 맞춤법에 맞지 않는 것은?

① 서울을 수도로 정한 지 올해로 벌써 600돌이 되었다.

② 그가 나타나자 그녀는 적의 안심한 모습이었다.

③ 마침내 마지막 거리 열두째 뒷전놀이를 시작했다.

④ 그는 주인과 의논하여 삯월세를 전세로 바꾸었다.

5. 밑줄 친 부분이 한글 맞춤법에 따라 바르게 표기된 것은?

① 그는 자기 팀원을 각별이 여겼다.

② 걱정마. 지원이는 기억하지도 못할껄?

③ 뚝배기 가득 담긴 찌개를 단숨에 먹어치웠다.

④ 남편은 겸연적은 얼굴로 걸어들어왔다.

6. 다음 중 띄어쓰기가 잘못된 것은?

① 그는 한국대학교 문과대학 국어국문학과 1년생이다.

② 나는 그 강을 건너다가 죽을 뻔도 했다.

③ 꽃놀이를 가는 사람들이 매우 많기도 하다.

④ 저 신사는 큰 기업체의 회장겸 대표이사이다.

7. 다음 중 제시된 문장의 밑줄 친 어휘와 같은 의미로 사용된 것을 고르시오.

> 장작을 한아름 <u>지고</u> 와서는 뭘 하는지 한참을 뚝딱거렸다.

① 손에는 들고 등에는 <u>지고</u> 힘차게 걷는다.
② 해가 <u>지고</u> 나면 어머니는 꼭 문을 열어 두었다.
③ 둘이서 싸우면 이상하게 항상 미주가 <u>지는</u> 꼴이다.
④ 강둑에 앉아 노을이 <u>지는</u> 걸 말없이 바라보았다.

8. 전제가 다음과 같을 때 결론으로 올바른 것은?

> • 운동을 좋아하는 사람은 등산을 좋아한다.
> • 산을 좋아하는 사람은 등산을 좋아한다.
> • 건강을 중요시하는 사람은 운동을 좋아한다.
> • 결론 : _____

① 산을 좋아하는 사람은 운동을 좋아한다.
② 건강을 중요시하는 사람은 등산을 좋아한다.
③ 산을 좋아하지 않는 사람은 등산을 좋아한다.
④ 건강을 중요시 하지 않는 사람은 산을 좋아한다.

9. A, B, C, D 네 명의 수강생이 외국어 학원에서 영어, 일본어, 중국어, 러시아어를 수강하고 있다. 다음에 제시된 내용을 모두 고려하였을 경우 항상 거짓인 것은?

> • C는 한 과목만 수강하며, 한 명도 수강하지 않는 과목은 없다.
> • 남자는 세 명, 여자는 한 명이다.
> • 러시아어는 세 사람이 함께 수강해야 하며, 남자만 수강할 수 있다.
> • 중국어는 여자만 수강할 수 있다.
> • A는 남자이며, 일본어는 반드시 수강해야 한다.
> • 남자는 모두 두 과목을 수강한다.

① 한 과목은 남자 두 명이 수강하게 된다.
② D는 반드시 두 과목을 수강하게 된다.
③ B는 일본어와 러시아어를 함께 수강하고 있지 않다.
④ B와 D는 영어를 수강하지 않는다.

10. 함께 여가를 보내려는 A, B, C, D, E 다섯 사람의 자리를 원형 탁자에 배정하려고 한다. 다음 글을 보고 옳은 것을 고르면?

> • A 옆에는 반드시 C가 앉아야 된다.
> • D의 맞은편에는 A가 앉아야 된다.
> • 여가시간을 보내는 방법은 책읽기, 수영, 영화 관람이다.
> • C와 E는 취미생활을 둘이서 같이 해야 한다.
> • B와 C는 취미가 같다.

① A의 오른편에는 B가 앉아야 한다.
② B가 책읽기를 좋아한다면 E도 여가 시간을 책읽기로 보낸다.
③ B는 E의 옆에 앉아야 한다.
④ A와 D 사이에 C가 앉아있다.

11. 서쪽을 향해 있는 상태에서 오른쪽으로 90도 돌고, 뒤로 돈 다음, 다시 오른쪽으로 90도 돌면 어느 방향을 향하게 되는가?

① 동
② 서
③ 남
④ 북

12. 갑사, 을사, 병사는 A, B, C 3개 운동 종목에 대한 3사 간의 경기를 실시하였으며, 결과는 다음 표와 같다. 이에 대한 설명으로 올바르지 않은 것은? (단, 무승부인 경기는 없다고 가정한다)

구분	갑	을	병
A 종목	4승 6패	7승 3패	4승 6패
B 종목	7승 3패	2승 8패	6승 4패
C 종목	5승 5패	3승 7패	7승 3패

① 갑사가 병사로부터 거둔 A 종목 경기 승수가 1승뿐이었다면 을사는 병사에 압도적인 우세를 보였다.

② 을사의 B 종목 경기 8패가 나머지 두 회사와의 경기에서 절반씩 거둔 결과라면 갑사와 병사의 상대 전적은 갑사가 더 우세하다.

③ 갑사가 세 종목에서 거둔 승수 중 을사와 병사로부터 각각 적어도 2승 이상씩을 거두었다면, 적어도 을사는 병사보다 A 종목의, 병사는 을사보다 C 종목의 상대 전적이 더 우세하다.

④ 갑사는 C 종목에서 을사, 병사와의 상대 전적이 동일하여 우열을 가릴 수 없다.

13. 서울 출신 두 명과 강원도 출신 두 명, 충청도, 전라도, 경상도 출신 각 1명이 다음의 조건대로 줄을 선다. 앞에서 네 번째에 서는 사람의 출신지역은 어디인가?

> • 충청도 사람은 맨 앞 또는 맨 뒤에 선다.
> • 서울 사람은 서로 붙어 서있어야 한다.
> • 강원도 사람 사이에는 다른 지역 사람 1명이 서있다.
> • 경상도 사람은 앞에서 세 번째에 선다.

① 서울 ② 강원도
③ 충청도 ④ 전라도

14. 다음 조건이 참이라고 할 때 항상 참인 것을 고르면?

> • 민수는 A기업에 다닌다.
> • 영어를 잘하면 업무 능력이 뛰어난 것이다.
> • 영어를 잘하지 못하면 A기업에 다닐 수 없다.
> • A기업은 우리나라 대표 기업이다.

① 민수는 업무 능력이 뛰어나다.
② A기업에 다니는 사람들은 업무 능력이 뛰어나지 못하다.
③ 민수는 영어를 잘하지 못한다.
④ 업무 능력이 뛰어난 사람은 A기업에 다니는 사람이 아니다.

┃15~16┃ 다음 제시된 숫자의 배열을 보고 규칙을 적용하여 빈칸에 들어갈 알맞은 수를 고르시오.

15.

20 −50 10 −40 ( ) −30 −10

① −20 ② −10
③ 0 ④ 10

16.

311 316 326 337 350 358 374 ( )

① 378 ② 385
③ 388 ④ 394

17. 월드컵을 대비하여 유력 우승 후보국 16개국을 참가시켜 단판 승부에 의한 토너먼트 방식으로 시뮬레이션 게임을 하고자 한다. 대한민국이 1위를 하기까지 열리는 총 경기 수는?

① 12경기   ② 13경기

③ 14경기   ④ 15경기

18. 어느 고등학교의 학년별 학생 수는 같다. 1학년 여학생 수는 2학년 남학생 수와 같고, 3학년 여학생 수는 전체 여학생 수의 $\frac{2}{5}$ 이다. 3학년 여학생 수가 전체 학생수의 $\frac{b}{a}$ 일 때, $a+b$ 의 값은 얼마인가? (단, a와 b는 서로소인 자연수이다)

① 9   ② 10

③ 11   ④ 12

19. 넓이 2,400m²의 논에서 이앙기 A와 이앙기 B를 각각 1시간씩 사용하여 2시간 만에 모내기를 모두 마쳤다. 이앙기 A를 사용할 때의 모내기 속도가 이앙기 B를 사용하는 경우보다 2배 빠르다면 이앙기 B만 사용할 경우에는 몇 시간이 걸리겠는가?

① 3   ② 4

③ 5   ④ 6

┃20~21┃ 다음은 어느 학급 학생 25명의 수학 성적과 과학 성적에 대한 상관표이다. 물음에 답하여라.

과학＼수학	60	70	80	90	100	합계
100				A	1	2
90			1	B		C
80		2	D	3	1	11
70	1	2	3	2		8
60	1					1
합계	2	4	9	8	2	25

20. 다음 중 A~D에 들어갈 수로 옳지 않은 것은?

① A=1   ② B=2

③ C=3   ④ D=4

21. 수학 성적과 과학 성적 중 적어도 한 과목의 성적이 80점 이상인 학생은 몇 명인가?

① 14명   ② 16명

③ 19명   ④ 21명

22. 다음은 3개 회사의 '갑' 제품에 대한 국내 시장 점유율 현황을 나타낸 자료이다. 다음 자료에 대한 설명 중 적절하지 않은 것은 어느 것인가?

(단위 : %)

구분	2021	2022	2023	2024	2025
A 사	17.4	18.3	19.5	21.6	24.7
B 사	12.0	11.7	11.4	11.1	10.5
C 사	9.0	9.9	8.7	8.1	7.8

① 2021년부터 2025년까지 3개 회사의 점유율 증감 추이는 모두 다르다.

② 3개 회사를 제외한 나머지 회사의 '갑' 제품 점유율은 2021년 이후 매년 감소하였다.

③ 2021년 대비 2025년의 점유율 감소율은 C사가 B사보다 더 크다.

④ 3개 회사의 '갑' 제품 국내 시장 점유율이 가장 큰 해는 2025년이다.

23. 다음은 A기업의 올해 여름휴가 계획을 조사한 표이다. 여름휴가로 해외여행을 가는 직원은 전체의 몇 %인가?

국내여행	해외여행	자기계발	계획 없음	기타
88	55	49	3	5

① 12%
② 25.5%
③ 27.5%
④ 35%

| 24~25 | 다음에 제시된 9개의 단어 중 관련된 3개의 단어를 통해 유추할 수 있는 것을 고르시오.

24.

수성사인펜, 축제, 영어, 가을, 달리기, 풍경화, 시계, 만국기, 경주

① 운동회
② 불국사
③ 수능
④ 사생대회

25.

어깨, 뿌리, 자동차, 기류, 공, 날개, 고기, 먼지, 하늘

① 비행기
② 지하철
③ 버스
④ 병원

26. 다음 제시된 어구 풀이의 의미와 가장 잘 부합하는 어휘를 고르시오.

일에는 마음을 두지 아니하고 쓸데없이 다른 짓을 함

① 방정
② 해찰
③ 정평
④ 자발

27. 다음 제시된 단어의 뜻을 고르면?

귀결

① 상대방의 의견을 높이는 말
② 끝을 맺음
③ 본보기가 될 만한 것
④ 세상에 보기 드문 솜씨

28. 다음 글에서 ⓐ : ⓑ의 의미 관계와 가장 유사한 것은?

역사적으로 볼 때 시민 혁명이나 민중 봉기 등의 배경에는 정부의 과다한 세금 징수도 하나의 요인으로 자리 잡고 있다. 현대에도 정부가 세금을 인상하여 어떤 재정 사업을 하려고 할 때, 국민들은 자신들에게 별로 혜택이 없거나 부당하다고 생각될 경우 ⓐ납세 거부 운동을 펼치거나 정치적 선택으로 조세 저항을 표출하기도 한다. 그래서 세계 대부분의 국가는 원활한 재정 활동을 위한 조세 정책에 골몰하고 있다.

경제학의 시조인 아담 스미스를 비롯한 많은 경제학자들이 제시하는 바람직한 조세 원칙 중 가장 대표적인 것이 공평과 효율의 원칙이라 할 수 있다. 공평의 원칙이란 특권 계급을 인정하지 않고 국민은 누구나 자신의 능력에 따라 세금을 부담해야 한다는 의미이고, 효율의 원칙이란 정부가 효율적인 제도로 세금을 과세해야 하며 납세자들로부터 불만을 최소화할 수 있는 방안으로 ⓑ징세해야 한다는 의미이다.

① 컴퓨터를 사용한 후에 반드시 전원을 꺼야 한다.
② 관객이 늘어남에 따라 극장이 점차 대형화되었다.
③ 자전거 타이어는 여름에 팽창하고 겨울에 수축한다.
④ 먼 바다에 나가기 위해서는 배를 먼저 수리해야 한다.

29. 다음 (   )에 들어갈 말로 적절한 것은?

> 정리하다 : 다스리다 = 갈라지다 : (   )

① 결합하다　　　　② 단결하다
③ 바라지다　　　　④ 홀쭉하다

30. 다음 중 단어의 관계가 다른 하나는?
① 곰 – 사자 – 코끼리
② 개나리 – 해바라기 – 코스모스
③ 크루아상 – 카스텔라 – 식빵
④ 알 – 병아리 – 닭

31. 다음 글에 나타난 '플로티노스'의 견해와 일치하는 것은?

여기에 대리석 두 개가 있다고 가정해 보자. 하나는 거칠게 깎아낸 그대로이며, 다른 하나는 조각술에 의해 석상으로 만들어져 있다. 플로티노스에 따르면 석상이 아름다운 이유는, 그것이 돌이기 때문이 아니라 조각술을 통해 거기에 부여된 '형상' 때문이다. 형상은 그 자체만으로는 질서가 없는 질료에 질서를 부여하고, 그것을 하나로 통합하는 원리이다.

형상은 돌이라는 질료가 원래 소유하고 있던 것이 아니며, 돌이 찾아오기 전부터 돌을 깎는 장인의 안에 존재하던 것이다. 장인 속에 있는 이 형상을 플로티노스는 '내적 형상'이라 부른다. 내적 형상은 장인에 의해 돌에 옮겨지고, 이로써 돌은 아름다운 석상이 된다. 그러나 내적 형상이 곧 물체에 옮겨진 형상과 동일한 것은 아니다. 플로티노스는 내적 형상이 '돌이 조각술에 굴복하는 정도'에 응해서 석상 속에 내재하게 된다고 보았다.

그렇다면 우리가 어떤 석상을 '아름답다'고 느낄 때는 어떠한 일이 일어날까? 플로티노스는 우리가 물체 속의 형상을 인지하고, 이로부터 질료와 같은 부수적 성질을 버린 후 내적 형상으로 다시 환원할 때, 이 물체를 '아름답다'고 간주한다고 보았다. 즉, 내적 형상은 장인에 의해 '물체 속의 형상'으로 구현되고, 감상자는 물체 속의 형상으로부터 내적 형상을 복원함으로써 아름다움을 느끼는 것이다.

① 장인의 조각술은 질료에 내재되어 있던 '형상'이 밖으로 표출되도록 도와주는 역할을 한다.
② 물체에 옮겨진 '형상'은 '내적 형상'과 동일할 수 없으므로 질료 자체의 질서와 아름다움에 주목해야 한다.
③ 동일한 '내적 형상'도 '돌이 조각술에 굴복하는 정도'에 따라 서로 다른 '형상'의 조각상으로 나타날 수 있다.
④ 자연 그대로의 돌덩어리라 할지라도 감상자가 돌덩어리의 '내적 형상'을 복원해 낸다면 '아름답다'고 느낄 수 있다.

32. 다음은 코로나19로 인한 등교 관련 가정통신문이다. 이에 대한 설명으로 틀린 것은?

가정통신문

교무기획부

코로나19 관련 학생 및 보호자 준수사항 알림

학부모님들께 드립니다.

어제 본교에서 확진자가 발생함에 따라 학부모님과 교직원의 걱정이 커지고 그에 따른 여러 가지 어려움에 봉착해 있습니다. 부모님이 걱정하시는 바, 저희 교직원 모두의 마음과 같습니다. 등교수업이나 원격수업 시행은 단위학교에서 결정하지 못하고 학교와, 보건당국, 지역교육청의 협의에 따라 이루어지오니 결정된 사항에 대해서 적극 협조 부탁드립니다. 부모님의 마음을 충분히 헤아리고 있으면서도 그 마음을 충족시켜드리지 못해 죄송합니다. 거리두기 단계가 조정된다 해도 코로나19 상황이 종료되기까지는 안심해서는 안 됩니다. 당분간은 수업마치고 귀가하면 가급적 외출을 자제하고 사람이 많이 모이는 곳에 가지 않도록 지도해 주시기 부탁드립니다.

어느 때보다 위기감이 느껴지는 시기이오니 코로나19 관련 학생, 보호자 및 가족 준수사항을 확인하시어 가정 내에서 자녀의 건강한 생활지도가 이루어질 수 있도록 적극 협조하여 주시기를 간곡히 부탁드립니다.

(※ 등교수업이 걱정되시는 학부모님은 반드시 담임선생님과 상담 후 체험학습(가정학습)을 신청하시기 바랍니다.)

〈학생 준수사항〉

▫ 개인위생 관리를 철저히 합니다.
　① 식사 전, 화장실 이용 후, 학교에 다녀온 후(또는 외출 후) 집에 도착하자마자 비누(또는 손소독제)와 물로 손을 씻습니다.
　② 기침예절을 준수합니다.
　　-기침을 할 때에는 휴지나 옷소매로 가리고/사용한 휴지는 바로 버린 후/반드시 비누와 물로 30초 이상 깨끗이 손씻기

▫ 다음의 경우에는 등교하지 않고 담임선생님께 알립니다.
　① 37.5℃ 이상의 발열 또는 호흡기 증상이 나타난 경우
　② 해외여행을 다녀왔거나 확진환자와 접촉하여 자가격리 통지서를 받은 경우
　③ 가족(동거인) 중 해외여행이나 확진환자와의 접촉으로 자가격리 통지서를 받은 사람이 있는 경우

▫ 등교 중지된 경우 반드시 다음의 생활수칙을 준수합니다.
　① 바깥 외출 금지
　② 가능한 독립된 공간에서 혼자 생활하기
　③ 식사는 혼자서 하기
　④ 방문은 닫은 채 창문을 자주 열어 환기시키기

〈보호자 및 가족 준수사항〉

▫ 부모님께서는 매일 아침 자녀가 등교 전 체온과 호흡기증상 유무를 확인합니다.

▫ 자녀가 등교 중지된 경우 보호자께서는 반드시 다음의 내용을 준수하도록 자녀에게 교육합니다.
　① 바깥 외출 금지
　② 가능한 독립된 공간에서 혼자 생활하기
　③ 식사는 혼자서 하기
　④ 방문은 닫은 채 창문을 자주 열어 환기시키기

▫ 등교중지 중인 학생의 가족은 다음의 생활수칙을 준수합니다.
　① 등교중지 중인 학생의 건강상태(발열, 호흡기 증상 등)를 매일 주의 깊게 관찰합니다.
　② 등교중지 기간 동안 가족 또는 동거인은 최대한 등교중지 중인 학생과 접촉하지 않도록 합니다.
　　-특히, 노인, 임산부, 소아, 만성질환, 암 등의 면역력이 저하된 분은 접촉을 금지합니다.
　　-외부인의 방문도 제한합니다.
　③ 등교중지 중인 학생과 독립된 공간에서 생활하시고, 공용으로 사용하는 공간은 자주 환기를 시킵니다.
　④ 개인 물품(수건, 식기류 등)을 사용하도록 하며, 화장실, 세면대를 공용으로 사용한다면, 사용 후 소독(가정용 소독제)하고 다른 사람이 사용하도록 합니다.

---

① 등교중지 기간 동안 가족 또는 동거인은 최대한 등교중지 중인 학생과 접촉하지 않도록 하여야 한다.

② 37.5℃ 이상의 발열 또는 호흡기 증상이 나타난 경우 담임선생님께 알리어 등교여부를 결정하도록 한다.

③ 본교에서 확진자가 발생하여 학생 및 보호자에게 준수사항을 가정통신문으로 발송하였다.

④ 등교 중지된 학생의 생활수칙과 보호자가 교육하여야 할 생활수칙의 내용은 동일하다.

33. 다음 문장들을 논리적 순서로 배열할 때 가장 적절한 것은?

> ㉠ 이는 말레이 민족 위주의 우월적 민족주의 경향이 생기면서 문화적 다원성을 확보하는 데 뒤처진 경험을 갖고 있는 말레이시아의 경우와 대비되기도 한다.
>
> ㉡ 지금과 같은 세계화 시대에 다원주의적 문화 정체성은 반드시 필요한 것이기 때문에 이러한 점은 긍정적이다.
>
> ㉢ 영어 공용화 국가의 상황을 긍정적 측면에서 본다면, 영어 공용화 실시는 인종 중심적 문화로부터 탈피하여 다원주의적 문화 정체성을 수립하는 계기가 될 수 있다.
>
> ㉣ 그러나 영어 공용화 국가는 모두 다민족 다언어 국가이기 때문에 한국과 같은 단일 민족 단일 모국어 국가와는 처한 환경이 많이 다르다.
>
> ㉤ 특히, 싱가포르인들은 영어를 통해 국가적 통합을 이룰 뿐만 아니라 다양한 민족어를 수용함으로써 문화적 다원성을 일찍부터 체득할 수 있는 기회를 얻고 있다.

① ㉢㉤㉣㉠㉡

② ㉢㉡㉠㉣㉣

③ ㉢㉤㉡㉣㉠

④ ㉢㉡㉤㉠㉣

34. 다음 글의 전개 순서로 가장 자연스러운 것은?

> ㉠ 초창기에 이 책은 세 가지 원칙을 세웠다.
>
> ㉡ 이런 원칙에 따라 차례가 겨우 정해졌을 때, 1597년(정유년) 1월 일본군이 다시 쳐들어오는 정유재란이 일어났고, 이로 인해서 참여한 인물들이 뿔뿔이 흩어져버려 「동의보감」을 편찬하는 일은 중단되었다.
>
> ㉢ 허준은 왕명을 받아 당시의 뛰어난 의원을 망라해 의서(醫書) 편찬 작업을 시작했다.
>
> ㉣ 셋째, '국산 약을 널리, 쉽게 쓸 수 있도록 약초 이름에 조선 사람이 부르는 이름을 한글로 쓴다.' 시골에는 약이 부족하기 때문에 주변에서 나는 약을 써야하는데, 그게 어떤 약인지 잘 모르기 때문에 시골사람이 부르는 약초 이름을 쓴 것이다.
>
> ㉤ 첫째, '병을 고치기에 앞서 수명을 늘이고 병이 안 걸리도록 하는 방법을 중요하게 여긴다.' 왜냐하면 당연히 몸을 잘 지키고 병을 예방하는 것이 병 걸린 후 치료하는 것보다 더 낫다고 보았기 때문이다.
>
> ㉥ 둘째, '무수히 많은 처방들의 요점만을 간추린다.' 중국에서 수입된 의학책이 매우 많았는데, 이 책은 이렇게 말하고 저 책은 저렇게 말하는 등 앞뒤가 서로 맞지 않는 경우가 많았기 때문이다.

① ㉡㉠㉤㉣㉥㉢

② ㉢㉥㉠㉣㉤㉡

③ ㉡㉣㉠㉥㉤㉢

④ ㉢㉠㉤㉥㉣㉡

35. 다음 글의 전개 순서로 가장 자연스러운 것은?

> ⊙ 아시아는 아시아대로 다르다. 중국 사람들은 @를 점잖게 쥐에다 노(老)자를 붙여 '라오수(小老鼠)' 또는 '라오수하오(老鼠號)'라 부른다. 일본은 쓰나미의 원조인 태풍의 나라답게 '나루토(소용돌이)'라고 한다. 혹은 늘 하는 버릇처럼 일본식 영어로 '앳 마크'라고도 한다.
>
> ⊙ 더욱 이상한 것은 북유럽의 핀란드로 가면 '원숭이 꼬리'가 '고양이 꼬리'로 바뀌게 되고, 러시아로 가면 그것이 원숭이와는 앙숙인 '개'로 둔갑한다는 사실이다.
>
> ⊙ 팔이 안으로 굽어서가 아니라 30여 개의 인터넷 사용국 중에서 @와 제일 가까운 이름은 우리나라의 골뱅이인 것 같다. 골뱅이의 윗 단면을 찍은 사진을 보여 주면 모양이나 크기까지 어느 나라 사람이든 무릎을 칠 것 같다.
>
> ⊙ 프랑스와 이탈리아 사람들은 @를 '달팽이'라고 부른다. 역시 이 두 나라 사람들은 라틴계 문화의 뿌리도 같고, 디자인 강국답게 보는 눈도 비슷하다. 그런데 독일 사람들은 그것을 '원숭이 꼬리'라고 부른다. 그리고 동유럽 폴란드나 루마니아 사람들은 꼬리를 달지 않고 그냥 '작은 원숭이'라고 부른다.
>
> ⊙ 아무리 봐도 달팽이나 원숭이 꼬리로는 보이지 않는다. 더구나 개나 쥐 모양과는 닮은 데라곤 없는데도 그들의 눈에는 그렇게 보이는 모양이니 문화란 참으로 신기한 것이다. 그러니 글로벌 스텐더드라는 것이 참으로 어렵고 황당하다는 생각이 든다.

① ㉠㉢㉣㉡㉤
② ㉣㉡㉠㉤㉢
③ ㉠㉣㉡㉢㉤
④ ㉣㉠㉡㉤㉢

36. 다음 글은 미괄식으로 짜인 하나의 단락을 순서 없이 나열한 것이다. 이를 논리적 흐름에 맞게 재배열한 것은?

> ㉠ 그리고 수렴된 의도를 합리적으로 처리해야 할 것이다.
> ㉡ 민주주의는 결코 하루아침에 이룩될 수 없다는 것을 느낀다.
> ㉢ 그렇게 본다면 이 땅에서의 민주 제도는 너무나 짧은 역사를 가지고 있다.
> ㉣ 민주주의가 비교적 잘 실현되고 있는 서구 각국의 역사를 돌아보아도 그러하다.
> ㉤ 우리의 의식 또한 확고하게 위임된 책임과 의무를 깊이 깨닫고, 민중의 뜻을 남김없이 수렴하여야 한다.
> ㉥ 민주주의는 정치, 경제, 사회의 제도 자체에서 고루 이루어져야 할 것임은 물론, 우리들의 의식 속에서 이루어져야 하기 때문이다.

① ㉡㉢㉥㉠㉣㉤
② ㉡㉥㉢㉣㉤㉠
③ ㉡㉣㉥㉢㉤㉠
④ ㉡㉣㉤㉠㉥㉢

37. 다음 문단들을 가장 자연스럽게 연결한 것은?

(가) 그러기에 절도는 동서고금을 막론하고 사회적 금기이다. 하지만 인간의 내부에는 저도에 대한 은밀한 욕망이 자리 잡고 있다. 절도는 적은 비용으로 많은 먹이를 획득하고자 하는 생명체의 생존욕구와 관련이 있을 것이다.

(나) 절도는 범죄지만 인간은 한편으로 그 범죄를 합리화한다. 절도의 합리화는 부조리한 사회, 주로 재화의 분배에 있어 불공정한 사회를 전제로 한다. 그리고 한걸음 더 나아가 절도 행위자인 도둑을 찬미하기도 한다.

(다) 따라서 사회적 금제 시스템이 무너졌을 때 절도를 향한 욕망은 거침없이 드러난다. 1992년 LA 폭동 때 우리는 그 야수적 욕망의 분출을 목도한 바 있다.

(라) 혹 그 도둑이 약탈물을 달동네에 던져주기라도 하면 그는 의적으로 다시 태어나 급기야 전설이 되고 소설이 된다. 그렇게 해서 가난한 우리는 일지매에 빠져들고 장길산에 열광하게 되는 것이다.

(마) 법은 절도를 금한다. 십계 중 일곱 번째 계명이 '도둑질하지 말라'이며, 고조선의 팔조금법에도 '도둑질을 하면 노비로 삼는다'는 내용이 포함되어 있다. 절도가 용인되면, 즉 개인의 재산을 보호하지 않으면 사회 자체가 붕괴된다.

(바) 지위를 이용한 고위 공무원의 부정 축재와 부잣집 담장을 넘는 밤손님의 행위 사이에 어떤 차이가 있는가? 만약 그 도둑이 넘은 담장이 부정한 돈으로 쌓아올려진 것이라면 월장은 도리어 미화되고 찬양받는다.

① (마) - (가) - (다) - (나) - (바) - (라)
② (마) - (나) - (바) - (가) - (다) - (라)
③ (나) - (다) - (라) - (마) - (바) - (가)
④ (나) - (마) - (가) - (다) - (바) - (라)

38. 다음 글의 전개 순서로 가장 적절한 것은?

㉠ 또한 실천적 측면 가운데 내적 측면으로 나타나는 것이 선(善), 외적 측면으로 나타나는 것이 정의(正義)이다.

㉡ 인간이라면 누구나 이념과 가치를 소중히 여기기 마련이다.

㉢ 흔히들 숭고한 이념이나 가치로 진리 · 선 · 정의를 언급하기도 한다.

㉣ 진리는 인간 생활의 이론적 측면으로 나타나고, 선 · 정의는 인간 생활의 실천적 측면으로 나타난다.

① ㉡ - ㉢ - ㉣ - ㉠
② ㉡ - ㉣ - ㉠ - ㉢
③ ㉢ - ㉡ - ㉠ - ㉣
④ ㉢ - ㉣ - ㉠ - ㉡

39. 다음 글의 전개 순서로 가장 적절한 것은?

㉠ 도구의 발달은 기술의 발전으로 이어져 인간은 자연 환경의 제약으로부터 벗어날 수 있게 되었다.

㉡ 그리하여 인간은 자연이 주는 혜택과 고난 속에서 자신의 의지에 따라 선택적으로 자연을 이용하고 극복하게 되었다.

㉢ 인류는 지혜가 발달하면서 점차 자연의 원리를 깨닫고 새로운 도구를 만들 줄 알게 되었다.

㉣ 필리핀의 고산 지대에서 농지가 부족한 자연 환경을 극복하기 위해 계단처럼 논을 만들어 벼농사를 지은 것이 그 좋은 예이다.

① ㉠ - ㉢ - ㉡ - ㉣
② ㉠ - ㉣ - ㉢ - ㉡
③ ㉢ - ㉠ - ㉡ - ㉣
④ ㉢ - ㉡ - ㉠ - ㉣

40. 다음을 뜻이 통하도록 가장 잘 배열한 것은?

(가) 과거에는 종종 언어의 표현 기능 면에서 은유가 연구되었지만, 사실 은유는 말의 본질적 상태 중 하나이다.

(나) '토대'와 '상부 구조'는 마르크스주의에서 기본 개념들이다. 데리다가 보여 주었듯이, 지어 철학에도 은유가 스며들어 있는데 단지 인식하지 못할 뿐이다.

(다) 어떤 이들은 기술과학 언어에는 은유가 없어야 한다고 역설하지만, 은유적 표현들은 언어 그 자체에 깊이 뿌리박고 있다.

(라) 언어는 한 종류의 현실에서 또 다른 현실로 이동함으로써 그 효력을 발휘하며, 따라서 본질적으로 은유적이다.

(마) 예컨대 우리는 조직에 대해 생각할 때 습관적으로 위니 아랫니 하며 공간적으로 생각하게 된다. 우리는 이론이 마치 건물인 양 생각하는 경향이 있어서 기반이나 기본구조 등을 말한다.

① (가) - (나) - (마) - (라) - (다)

② (가) - (다) - (나) - (마) - (라)

③ (라) - (마) - (다) - (가) - (나)

④ (가) - (라) - (다) - (마) - (나)

41. 다음 중 (A)가 들어갈 위치로 가장 적절한 것은?

(A) 일어난 일에 대한 묘사는 본 사람이 무엇을 중요하게 판단하고, 무엇에 흥미를 가졌느냐에 따라 크게 다르다.

기억이 착오를 일으키는 프로세스는 인상적인 사물을 받아들이는 단계부터 이미 시작된다. (가) 감각적인 지각의 대부분은 무의식중에 기록되고 오래 유지되지 않는다. (나) 대개는 수 시간 안에 사라져 버리며, 약간의 본질만이 남아 장기 기억이 된다. 무엇이 남을지는 선택에 의해서이기도 하고, 그 사람의 경해에 따라서도 달라진다. (다) 분주하고 정신이 없는 장면을 보여 주고, 나중에 그 모습에 대해서 이야기하게 해 보자. (라) 어느 부분에 주목하고, 또 어떻게 그것을 해석했는지에 따라 즐겁기도 하고 무섭기도 하다. 단순히 정신 사나운 장면으로만 보이는 경우도 있다. 기억이란 원래 일어난 일을 단순하게 기록하는 것이 아니다.

① (가)　　　　　　② (나)

③ (다)　　　　　　④ (라)

42. 다음 글을 내용상 두 부분으로 나눌 때 어느 지점부터 나누는 것이 가장 적절한가?

우리나라는 전통적으로 농경 생활을 해 왔다. 이런 이유로 우리나라에서 소는 경작을 위한 주요한 필수품이지 식용 동물로 생각할 수가 없었으며, 단백질 섭취 수단으로 동네에 돌아다니는 개가 선택되었다. ㉠ 프랑스 등 유럽의 여러 나라에서도 우리처럼 농경 생활을 했음에 틀림없지만 그들은 오랜 기간 수렵을 했기 때문에 개가 우리의 소처럼 중요한 동물이 되었고 당연히 수렵한 결과인 소 등을 통해 단백질을 섭취했다. ㉡ 일반적으로 개고기를 먹는 데 혐오감을 나타내는 민족들은 서유럽의 나라이다. 그들은 쇠고기와 돼지고기를 즐겨먹는다. ㉢ 그러나 식생활 문화를 달리하는 힌두교도들은 쇠고기를 먹는 서유럽 사람들에게 혐오감을 느낄 것이다. ㉣ 또 이슬람교도나 유대교도들도 서유럽에서 돼지고기를 먹는 식생활에 대해 거부감을 느낄 것이다.

① ㉠　　　　　　② ㉡

③ ㉢　　　　　　④ ㉣

43. 다음 자료를 바탕으로 쓸 수 있는 글의 주제로서 가장 적절한 것은?

> • 몸이 조금 피곤하다고 해서 버스나 지하철의 경로석에 앉아서야 되겠는가?
> • 아무도 다니지 않는 한밤중에 붉은 신호등을 지킨 장애인 운전기사 이야기는 우리에게 감동을 주고 있다.
> • 개같이 벌어 정승같이 쓴다는 말이 정당하지 않은 방법까지 써서 돈을 벌어도 좋다는 뜻은 아니다.

① 인간은 자신의 신념을 지키기 위해 일관된 행위를 해야 한다.

② 민주 시민이라면 부조리한 현실을 외면하지 말고 그에 당당히 맞서야 한다.

③ 도덕성 회복이야말로 현대 사회의 병폐를 치유할 수 있는 최선의 방법이다.

④ 개인의 이익과 배치된다 할지라도 사회 구성원이 합의한 규약은 지켜야 한다.

44. 다음 기사에 나타난 통계를 통해 추론할 수 없는 것은?

> 일본에서 나이가 들어서도 부모 곁을 떠나지 않고 붙어사는 '캥거루족'이 증가하고 있는 것으로 나타났다. 일본 국립 사회보장인구문제연구소가 전국 1만 711가구를 대상으로 조사해 발표한 가구 동태 조사를 보면, 가구당 인구수는 평균 2.8명으로 최저치를 기록했다. 2인 가구는 28.7%로 5년 전 조사 때보다 조금 증가한 반면, 4인 가구는 18.1%로 조금 줄었다.
> 부모와 함께 사는 자녀의 비율은 크게 증가했다. 30~34살 남성의 45.4%가 부모와 동거하는 것으로 나타났다. 같은 연령층 여성의 부모 동거 비율은 33.1%였다. 5년 전에 비해 남성은 6.4%, 여성은 10.2% 증가한 수치이다. 25~29살 남성의 부모 동거 비율은 64%, 여성은 56.1%로 조사되었다. 부모를 모시고 사는 기혼자들도 있지만, 상당수는 독신으로 부모로부터 주거와 가사 지원을 받는 캥거루족으로 추정된다.

① 25~34살 남성 중 대략 반 정도가 부모와 동거한다.

② 현대사회에서 남녀를 막론하고 만혼 현상이 널리 펴져 있다.

③ 30~34살의 경우 부모 동거비율은 5년 전에도 여성이 남성보다 높지 않았다.

④ '캥거루족'이 늘어난 것은 젊은이들이 직장을 구하기가 점점 어려워지고 있기 때문이다.

45. 다음 글을 통해 알 수 있는 내용으로 적절하지 않은 것은?

> 만물은 시간의 흐름에 따라 끊임없이 변화한다. 언어 또한 끊임없이 변화하는 실체이다. 언어의 변화는 음운, 형태, 통사, 의미 등 언어를 구성하는 모든 측면에서 변화한다.
>
> 특정한 어느 한 시기의 언어 상태를 공시태라고 하고, 어떤 언어의 변화 상태를 통시태라고 할 때, 공시태는 같은 언어의 같은 시기에 속하는 언어 상태를 말하며, 통시태는 같은 언어의 다른 변화 시기에 속하는 다른 언어 상태를 말한다.
>
> 그러나 모든 언어 현상은 항상 역사적인 요인과 결합되어 있다. 즉 공시적 언어 현상은 항상 다음 단계로 변화하는 시발점이 되어 동요하고 있다. 따라서 공시적 언어 상태는 새로이 생겨나는 요소와 없어져 가는 요소의 혼합체라고 할 수 있으며, 공시태는 과거를 반영하고 미래를 예측하게 하는 것이다.
>
> 언어의 변화는 음운, 형태, 통사, 의미 등 언어를 구성하는 모든 측면에서 일어난다고 하였다. 통사 현상 역시 변화한다. 통사 변화에는 역시 문법범주의 변화와 문장구성의 변화를 포함한다.

① 통시태 연구를 통해 한 언어가 다른 언어와 비교했을 때 어떠한 변화 상태에 해당하는 지 알 수 있다.

② 언어 현상을 연구할 때 역사적 사건들과 결합하여 연구가 진행된다.

③ 공시적 언어 현상은 통시적 언어 현상을 기점으로 변동된다.

④ 언어는 통사의 변화에는 문법과 문장구성이 변화가 포함된다.

46. 다음 문장이 들어가기에 알맞은 곳은?

> 모든 이성은 누군가의 구체적 개인의 의식이다. 각 개인의 이성은 그의 심리적, 역사적, 사회적 조건에 따라 어딘가 조금은 서로 다를 수밖에 없기 때문이다.

> ㉠ 일반적으로 이성은 시간과 공간에 얽매이지 않아 자율적이며, 시간과 공간을 초월하여 적용될 수 있는 보편적인 것으로 전제되고 있다. 이런 전제를 받아들일 때 이성이 제시하는 판단 근거만이 권위를 갖는다는 주장이 서고, 그에 따라 이성은 자신의 주장을 획일적으로 모든 이에게 독단적으로 강요하는 성격을 내포하고 있다.
>
> ㉡ 그러나 위와 같이 규정된 이성이란 실제로 존재하지 않는 픽션에 지나지 않는다. 이성은 인간의 의식 속에서 의식의 여러 기능과 완전히 구별되어 자율적으로 존재하는 특수한 존재가 아니라 여러 가지 다른 것들로 분리할 수 없는 총체적 의식의 한 측면에 불과하다. 따라서 보편적 이성이란 생각할 수 없다.
>
> ㉢ 이성이 보편적인 권위를 갖지 못한다는 사실은 가장 엄격한 인식 대상인 수학적 진리에 관해서도 때로는 두 수학자가 하나의 수학적 진리를 놓고 똑같이 이성에 호소하는데도 불구하고 서로 양립할 수 없는 두 가지 다른 판단과 주장을 하는 현상으로 입증된다.

① ㉠의 앞

② ㉠의 뒤

③ ㉡의 뒤

④ ㉢의 뒤

47.

$$4\otimes3=17 \qquad 7\otimes2=59 \qquad 9\otimes3=612 \qquad 8\otimes6=(\quad)$$

① 48

② 96

③ 142

④ 214

48.

21 7 32   18 20 22   (   ) 7 10   17 35 8

① 41

② 42

③ 43

④ 44

49. 다음은 ○○기업의 TV 광고모델 후보 5명에 대한 자료이다. 조건을 적용하여 광고모델을 선정할 경우 총 광고 효과가 가장 큰 모델은 누구인가?

광고모델별 1년 계약금 및 광고 1회당 광고효과

(단위 : 만 원)

광고모델	1년 계약금	1회당 광고효과	
		수익 증대 효과	브랜드 가치 증대 효과
지현	1,000	100	100
유미	600	60	100
슬기	700	60	110
현아	800	50	140
지은	1,200	110	110

〈조건〉

• 광고효과는 수익 증대 효과와 브랜드 가치 증대 효과로만 구성된다.

– 총 광고효과＝1회당 광고효과×1년 광고 횟수

– 1회당 광고효과＝1회당 수익 증대 효과＋1회당 브랜드 가치 증대 효과

• 1회당 광고비는 20만 원으로 고정되어 있다.

• 1년 광고 횟수＝$\dfrac{\text{1년 광고비}}{\text{1회당 광고비}}$

• 1년 광고비는 3,000만 원(고정값)에서 1년 계약금을 뺀 금액이다.

※ 광고는 TV를 통해서만 1년 내에 모두 방송된다.

① 지현

② 유미

③ 슬기

④ 현아

50. 다음은 A~E기업의 재무 자료이다. 다음 자료에서 재고자산 회전율이 가장 높은 기업과 매출채권 회전율이 가장 높은 기업을 바르게 짝지은 것은?

(단위 : 억 원)

기업	매출액	재고자산	매출채권	매입채무
A	1,000	50	30	20
B	2,000	40	80	50
C	1,500	80	30	50
D	2,500	60	90	25
E	3,000	80	30	20

※ 재고자산 회전율(회) = $\dfrac{\text{매출액}}{\text{재고자산}}$

※ 매출채권 회전율(회) = $\dfrac{\text{매출액}}{\text{매출채권}}$

① A, B

② C, D

③ B, E

④ E, A

51. 다음 식을 만족하는 서로 다른 양의 자연수 A, B, C가 최소가 되는 값을 구했을 때, A+B+C의 값을 구하면?

$$\frac{31}{70} = \frac{1}{A} + \frac{1}{B} + \frac{1}{C}$$

① 14　　　　　　　② 16

③ 18　　　　　　　④ 22

52. 태평양의 작은 화산섬에서 화산이 15분 후에 폭발한다. 섬에는 모두 15명의 주민이 있으며, 5명이 탈 수 있는 배가 한 척 있다. 안전한 곳에 있는 섬까지는 왕복 7분이 걸린다. 타고 내리는 시간을 무시할 때 이 화산섬에서 화산이 폭발할 때까지 남아 있어서 희생될 수 밖에 없는 사람의 수는 몇 명인가?

① 1명　　　　　　　② 2명

③ 3명　　　　　　　④ 4명

53. 두 명의 쇼트트랙 선수가 아이스링크를 일정한 속력으로 서로 반대 방향으로 돌고 있다. 두 선수의 속력의 비는 4 : 3으로 동일한 위치에서 서로 출발했다. 두 선수가 출발하여 다시 출발점에서 만날 때까지 중간에서 서로 마주친 횟수는 몇 번인가? (단, 처음과 마지막, 출발점에 함께 있는 것은 횟수에서 제외한다)

① 4번　　　　　　　② 5번

③ 6번　　　　　　　④ 7번

54. 다음 도형들의 일정한 규칙을 찾아 ? 표시된 부분에 들어갈 도형을 고르시오.

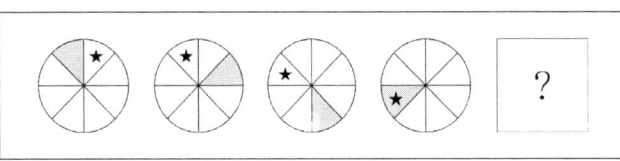

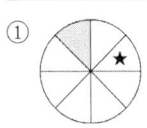　　　　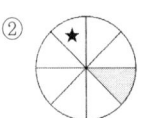

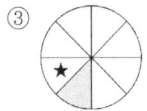　　　　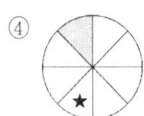

55. 다음 제시된 도형들 사이에는 일정한 규칙이 적용되고 있다. 도형의 규칙을 찾아 A와 B에 들어갈 알맞은 도형을 고르시오.

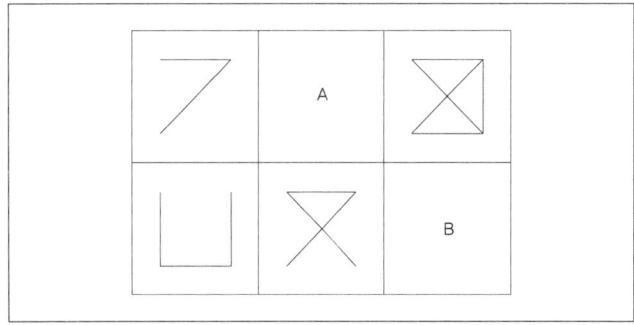

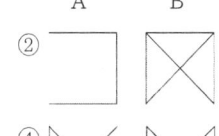

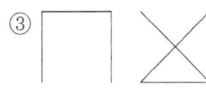

56. 다음 입체도형의 전개도로 알맞은 것은?

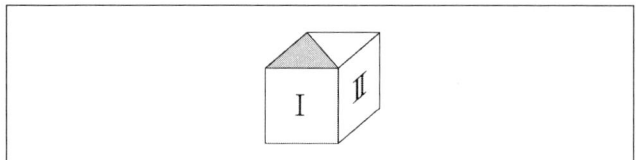

①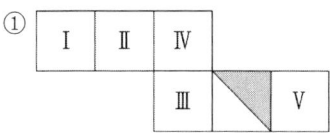

②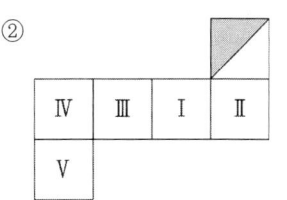

③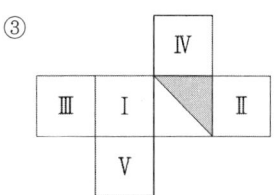

④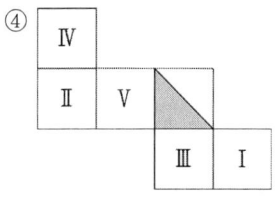

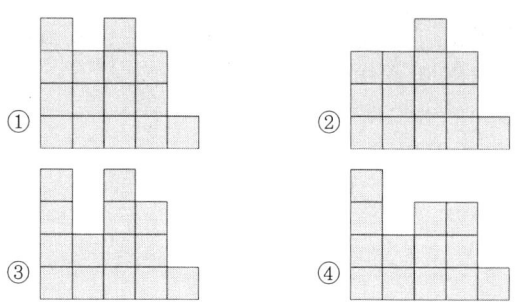

58. 다음 제시된 두 도형을 결합했을 때 만들 수 없는 형태를 고르시오.

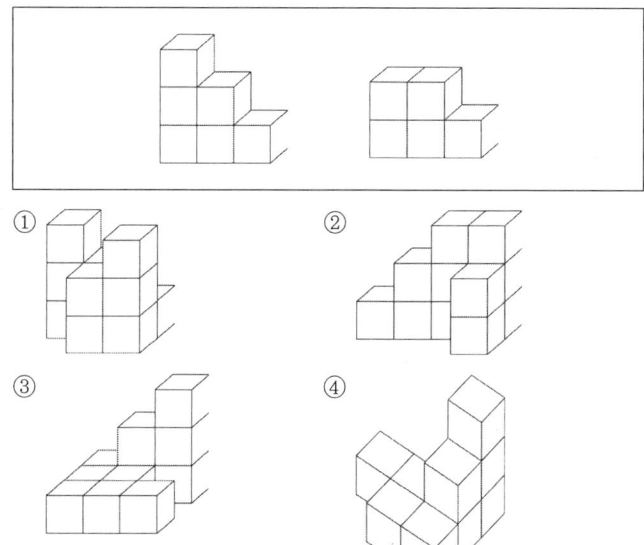

57. 다음에 제시된 블록들을 화살표 표시한 방향에서 바라봤을 때의 모양으로 알맞은 것을 고르시오.

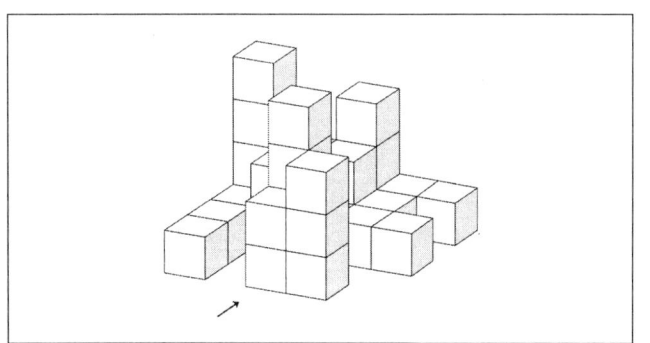

59. 다음과 같이 종이를 접은 후 구멍을 뚫어 펼친 그림으로 옳은 것을 고르시오.

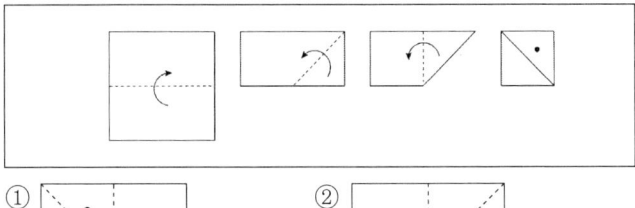

①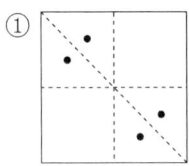

②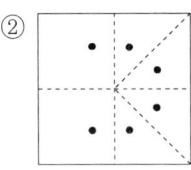

③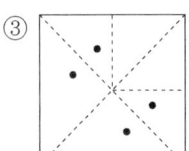

④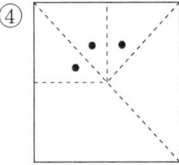

60. 다음 전개도를 접었을 때 나타나는 정육면체의 모양이 아닌 것을 고르시오.

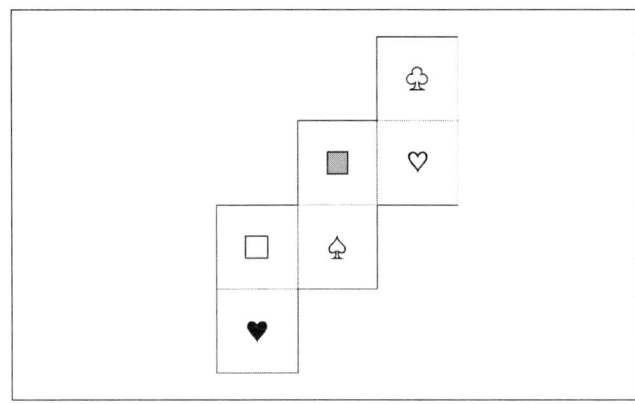

①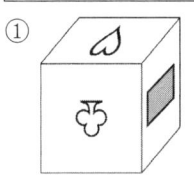

②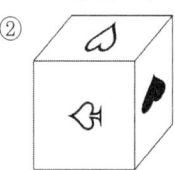

③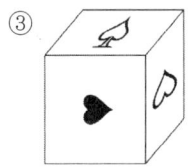

④

61. 다음 도형을 펼쳤을 때 나타날 수 있는 전개도를 고르시오.

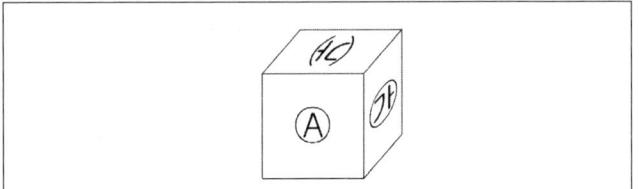

①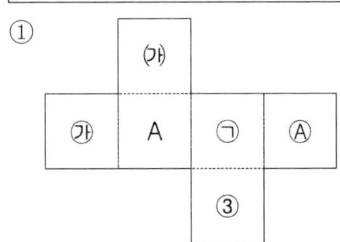

②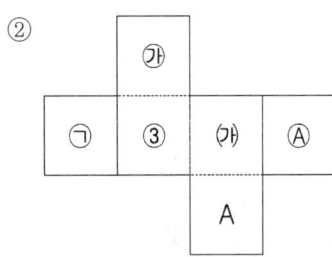

③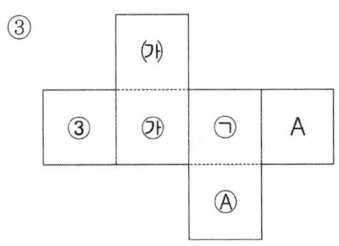

④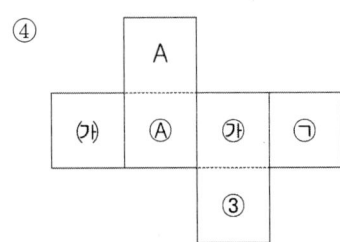

62. 다음 제시된 그림과 같이 쌓기 위해 필요한 블록의 수를 구하시오.

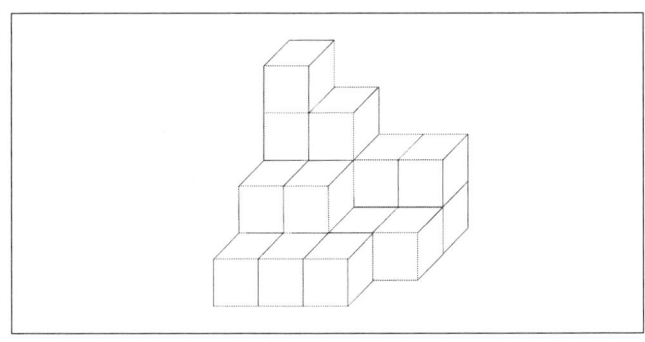

① 17개   ② 18개

③ 19개   ④ 20개

63. 제시된 두 도형을 결합했을 때, 나타날 수 없는 형태를 고르시오.

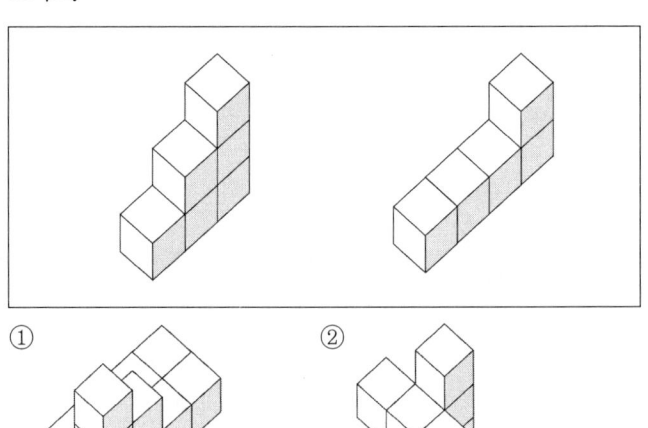

① 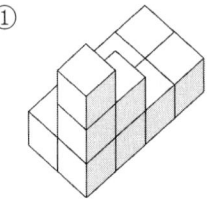   ②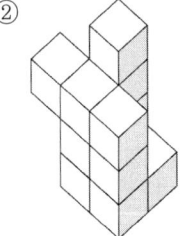

③ 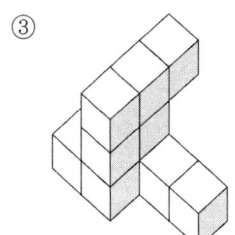   ④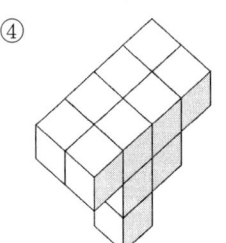

18

64. 다음 제시된 그림을 반시계 방향으로 90° 회전시킨 결과 나타나는 모양으로 옳은 것은?

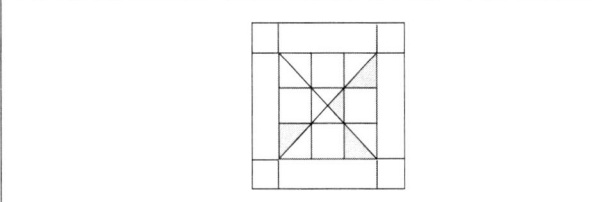

①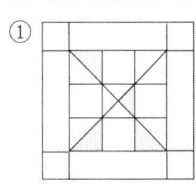

②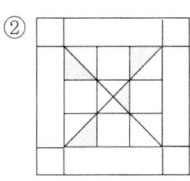

③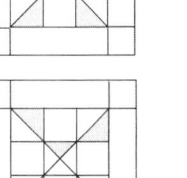

④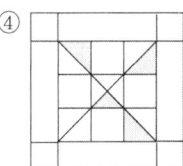

65. 아래의 기호/문자 무리 중 '℃'는 몇 번 제시되었나?

Å	₵	¥	₡	℃	£
£	℃	°F	Å	£	∬
¥	°F	₡	¥	∮	°F
℃	£	℃	£	₡	∮
₡	Å	∮	∬	¥	℃
¥	°F	¥	℃	∮	°F

① 5개 ② 6개

③ 7개 ④ 8개

▌66~67▐ 아래의 기호/문자 무리에 제시되지 않은 것은?

66.

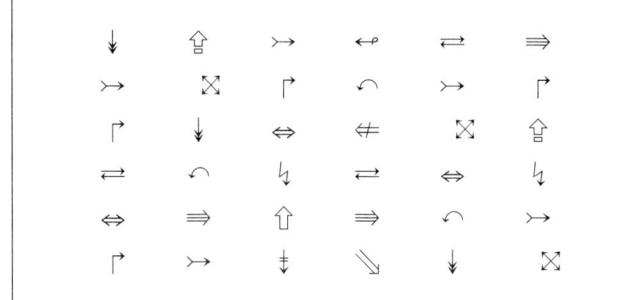

① ↶ ② ⇔

③ ↶ ④ ⇒

67.

α	δ	O	κ	ζ	ν
λ	ω	θ	χ	Θ	π
τ	β	σ	ε	o	Φ
ψ	ξ	η	ι	υ	Ψ
Σ	μ	γ	ρ	φ	Ξ

① χ

② Ξ

③ ϒ

④ O

19

68. 다음 제시된 도형을 분리하였을 때 나올 수 없는 조각은?

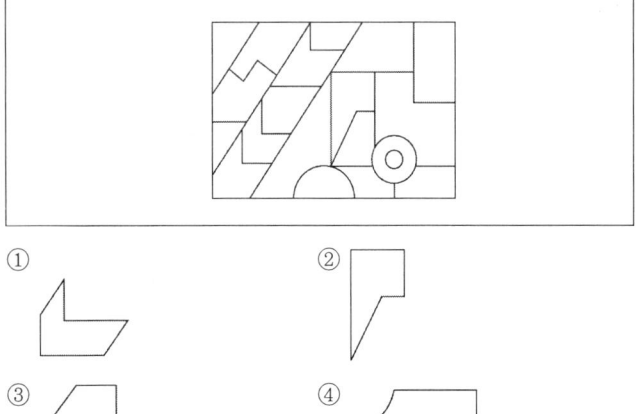

①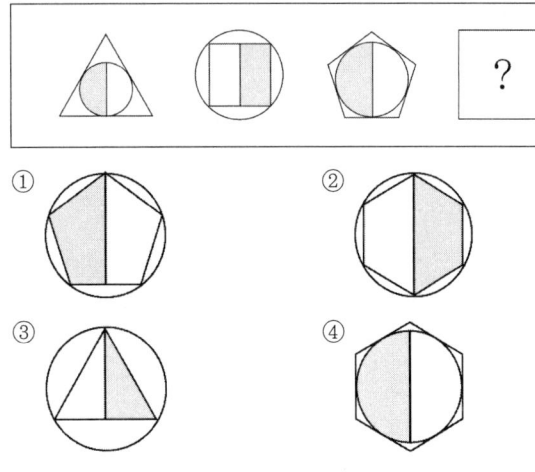

②

③

④

69. 다음 도형의 규칙 변화를 찾아 빈 칸에 알맞은 모양을 바르게 고른 것은?

①

②

③

④

70. 다음 제시된 모양들이 일정한 규칙을 갖는다고 할 때 '?'에 들어갈 알맞은 모양을 고른 것은?

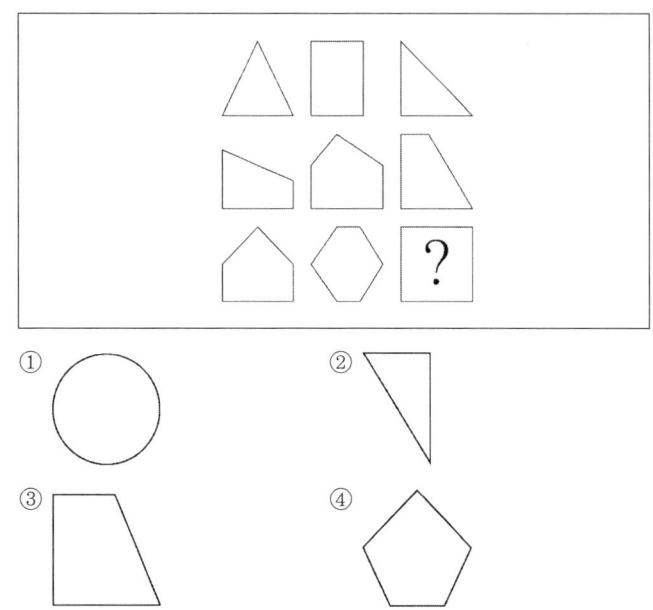

①

②

③

④

KAC공항서비스 필기시험 적성검사

절 취 선

	①	②	③	④			①	②	③	④			①	②	③	④			①	②	③	④
1	①	②	③	④		21	①	②	③	④		41	①	②	③	④		61	①	②	③	④
2	①	②	③	④		22	①	②	③	④		42	①	②	③	④		62	①	②	③	④
3	①	②	③	④		23	①	②	③	④		43	①	②	③	④		63	①	②	③	④
4	①	②	③	④		24	①	②	③	④		44	①	②	③	④		64	①	②	③	④
5	①	②	③	④		25	①	②	③	④		45	①	②	③	④		65	①	②	③	④
6	①	②	③	④		26	①	②	③	④		46	①	②	③	④		66	①	②	③	④
7	①	②	③	④		27	①	②	③	④		47	①	②	③	④		67	①	②	③	④
8	①	②	③	④		28	①	②	③	④		48	①	②	③	④		68	①	②	③	④
9	①	②	③	④		29	①	②	③	④		49	①	②	③	④		69	①	②	③	④
10	①	②	③	④		30	①	②	③	④		50	①	②	③	④		70	①	②	③	④
11	①	②	③	④		31	①	②	③	④		51	①	②	③	④						
12	①	②	③	④		32	①	②	③	④		52	①	②	③	④						
13	①	②	③	④		33	①	②	③	④		53	①	②	③	④						
14	①	②	③	④		34	①	②	③	④		54	①	②	③	④						
15	①	②	③	④		35	①	②	③	④		55	①	②	③	④						
16	①	②	③	④		36	①	②	③	④		56	①	②	③	④						
17	①	②	③	④		37	①	②	③	④		57	①	②	③	④						
18	①	②	③	④		38	①	②	③	④		58	①	②	③	④						
19	①	②	③	④		39	①	②	③	④		59	①	②	③	④						
20	①	②	③	④		40	①	②	③	④		60	①	②	③	④						

성 명	

수 험 번 호								
⓪	⓪	⓪	⓪	⓪	⓪	⓪	⓪	⓪
①	①	①	①	①	①	①	①	①
②	②	②	②	②	②	②	②	②
③	③	③	③	③	③	③	③	③
④	④	④	④	④	④	④	④	④
⑤	⑤	⑤	⑤	⑤	⑤	⑤	⑤	⑤
⑥	⑥	⑥	⑥	⑥	⑥	⑥	⑥	⑥
⑦	⑦	⑦	⑦	⑦	⑦	⑦	⑦	⑦
⑧	⑧	⑧	⑧	⑧	⑧	⑧	⑧	⑧
⑨	⑨	⑨	⑨	⑨	⑨	⑨	⑨	⑨

KAC 공항서비스

제2회 모의고사

성명		생년월일	
문제 수(배점)	70문항	풀이시간	/ 60분
영역	직업기초능력평가		
비고	객관식 4지선다형		

✳ 유의사항 ✳

• 문제지 및 답안지의 해당란에 문제유형, 성명, 응시번호를 정확히 기재하세요.

• 모든 기재 및 표기사항은 "컴퓨터용 흑색 수성 사인펜"만 사용합니다.

• 예비 마킹은 중복 답안으로 판독될 수 있습니다.

1. 다음 제시된 단어와 의미가 유사한 단어를 고르시오.

침전

① 발전　　　　　② 충전
③ 침구　　　　　④ 앙금

2. 다음 중 제시된 단어가 나타내는 뜻을 모두 포괄할 수 있는 단어는?

죽이다 / 차지하다 / 알아내다 / 세우다

① 가지다　　　　② 잡다
③ 삼키다　　　　④ 설치하다

3. 다음 중 바르게 쓰인 표현을 고르면?

① 수출량을 2배 이상 늘릴 수 있도록 최선을 다 합시다.
② 옷을 달이다 말고 어디를 가는 게냐?
③ 벌인 입을 다물지 못하고 서 있었다.
④ 우리 가족은 삼팔선을 너머 남으로 내려왔다.

4. 밑줄 친 부분이 어법에 어긋나는 것을 고르면?

① 소매를 걷어붙이고 나섰다.
② 회의 내용을 극비에 부치다.
③ 무지를 무릅쓰고 밀어부치는 억지는 더 큰 죄다.
④ 이를 부드득 갈아붙이며 일어선 그는 벽을 짚으며 소리쳤다.

5. 다음 밑줄 친 부분이 표준어인 것은?

① 해질녘의 하늘을 바라보며 당신을 생각했다.
② 수저 위에 강남콩을 한가득 골라냈다.
③ 그저 여느 때와 같은 날이었다.
④ 그는 허위대만 멀쩡하지 잘하는 것이 하나도 없었다.

6. 다음 밑줄 친 단어와 같은 의미로 쓰인 것은?

충신이 반역죄를 쓰고 감옥에 갇혔다.

① 탈을 쓰고 탈춤을 춘다.
② 오늘 배운 데까지 공책에 두 번 써 오는 게 숙제다.
③ 그는 노래도 부르고 곡도 쓰는 가수 겸 작곡자이다.
④ 그는 억울하게 누명을 썼다.

7. 다음 중 띄어쓰기가 바른 것은?

① 대문밖에서 누군가 서성거리는 모습이 보였다.

② 그 사람이 오간데 없이 갑자기 사라져 버렸다.

③ 도와주기는커녕 방해만 되지 않았으면 좋겠다.

④ 평소의 실력으로 봐서 그 일을 해낼리가 없다.

8. 다음 중 항상 옳은 것은?

> • 나와 외할아버지의 혈액형은 O형이다.
> • 나의 친할아버지의 혈액형은 AB형이다.
> • 나의 부모님은 모두 O형이 아니지만 나의 혈액형은 O형이다.

① 어머니의 혈액형을 몰라도 외할머니의 혈액형을 알 수 있다.

② 친할머니의 혈액형이 A형이라면 아버지의 혈액형은 A형 또는 B형이다.

③ 아버지의 O유전자는 친할아버지에게 받은 것이다.

④ 어머니의 혈액형은 AB형이다.

9. 오 부장, 최 차장, 박 과장, 남 대리, 조 사원, 양 사원 6명은 주간회의를 진행하고 있다. 둥근 테이블에 둘러 앉아 회의를 하는 사람들의 위치가 다음과 같을 때, 조 사원의 양 옆에 위치한 사람으로 짝지어진 것은?

> • 최 차장과 남 대리는 마주보고 앉았다.
> • 박 과장은 오 부장의 옆에 앉았다.
> • 오 부장은 회의의 진행을 맡기로 하였다.
> • 남 대리는 양 사원이 앉은 기준으로 오른쪽에 앉았다.

① 양 사원, 최 차장

② 양 사원, 남 대리

③ 박 과장, 최 차장

④ 오 부장, 양 사원

10. 다음은 세계 초고층 건물의 층수와 실제높이를 나타낸 것이다. 건물의 층수에 따른 예상높이를 계산하는 식이 '예상높이(m)＝3×층수＋300'과 같이 주어질 때, 예상높이와 실제높이의 차이가 큰 건물을 순서대로 바르게 나열한 것은?

건물 이름	층수	실제높이(m)
부르즈 칼리파	163	828
스카이 시티	220	838
나킬 타워	200	1,490
시티 타워	400	2,400
상하이 타워	128	632

① 시티 타워 > 나킬 타워 > 스카이 시티 > 상하이 타워 > 부르즈 칼리파

② 시티 타워 > 나킬 타워 > 스카이 시티 > 부르즈 칼리파 > 상하이 타워

③ 상하이 타워 > 부르즈 칼리파 > 스카이 시티 > 나킬 타워 > 시티 타워

④ 부르즈 칼리파 > 상하이 타워 > 스카이 시티 > 나킬 타워 > 시티 타워

11. 민수, 영민, 민희 세 사람은 제주도로 여행을 가려고 한다. 제주도까지 가는 방법에는 고속버스→배→지역버스, 자가용→배, 비행기의 세 가지 방법이 있을 때 민수는 고속버스를 타기 싫어하고 영민이는 자가용 타는 것을 싫어한다면 이 세 사람이 선택할 것으로 생각되는 가장 좋은 방법은?

① 고속버스, 배

② 자가용, 배

③ 비행기

④ 지역버스, 배

12. 다음 주어진 조건을 모두 고려했을 때 옳은 것은?

〈조건〉
- A, B, C, D, E의 월급은 각각 10만 원, 20만 원, 30만 원, 40만 원, 50만 원 중 하나이다.
- A의 월급은 C의 월급보다 많고, E의 월급보다는 적다.
- D의 월급은 B의 월급보다 많고, A의 월급도 B의 월급보다 많다.
- C의 월급은 B의 월급보다 많고, D의 월급보다는 적다.
- D는 가장 많은 월급을 받지는 않는다.

① 월급이 세 번째로 많은 사람은 A이다.
② E와 C의 월급은 20만 원 차이가 난다.
③ B와 E의 월급의 합은 A와 C의 월급의 합보다 많다.
④ 월급이 제일 많은 사람은 E이다.

13. A, B, C, D 네 명이 원탁에 둘러앉았다. A는 B의 오른쪽에 있고, B와 C는 마주보고 있다. D의 왼쪽과 오른쪽에 앉은 사람을 차례로 짝지은 것은?

① B - A
② B - C
③ C - B
④ A - C

14. 다음 조건을 참고할 때, 5명이 입고 있는 옷의 색깔을 올바르게 설명하고 있는 것은?

- 갑, 을, 병, 정, 무 5명은 각기 빨간색, 파란색, 검은색, 흰색 옷을 입고 있으며 같은 색 옷을 입은 사람은 2명이다.
- 병과 정은 파란색과 검은색 옷을 입지 않았다.
- 을과 무는 흰색과 빨간색 옷을 입지 않았다.
- 갑, 을, 병, 정은 모두 다른 색 옷을 입고 있다.
- 을, 병, 정, 무는 모두 다른 색 옷을 입고 있다.

① 병과 정은 같은 색 옷을 입고 있다.
② 정이 흰색 옷을 입고 있다면 병은 무와 같은 색 옷을 입고 있다.
③ 무가 파란색 옷을 입고 있다면 갑은 검은색 옷을 입고 있다.
④ 을이 검은색 옷을 입고 있다면 파란색 옷을 입은 사람은 2명이다.

15. 다음 글을 근거로 판단할 때, 도형의 모양으로 옳게 짝지어진 것은?

5명의 학생은 5개의 도형 A ~ E의 모양을 맞히는 게임을 하고 있다. 5개의 도형은 모두 서로 다른 모양을 가지며 각각 삼각형, 사각형, 오각형, 육각형, 원 중 하나의 모양으로 이루어진다. 학생들에게 아주 짧은 시간 동안 5개의 도형을 보여준 후 도형의 모양을 2개씩 진술하게 하였다. 학생들이 진술한 도형의 모양은 다음과 같고, 모두 하나씩만 정확하게 맞혔다.
- 갑 : C=삼각형, D=사각형
- 을 : B=오각형, E=사각형
- 병 : C=원, D=오각형
- 정 : A=육각형, E=사각형
- 무 : A=육각형, B=삼각형

① A=육각형, D=사각형
② B=오각형, C=삼각형
③ A=삼각형, E=사각형
④ C=오각형, D=원

| 16~17 | 다음 빈칸에 들어갈 알맞은 숫자를 고르시오.

16.

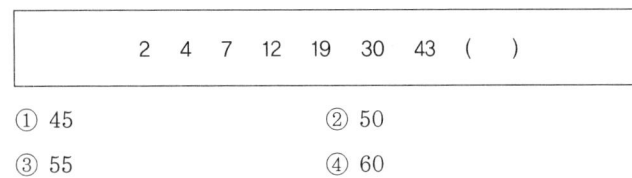

| | 7 | 9 | 12 | 4 | (|) | | −1 | 22 |

① 15　　　　　　　　② 17

③ 19　　　　　　　　④ 21

17.

| | 2 | 4 | 7 | 12 | 19 | 30 | 43 | (|) |

① 45　　　　　　　　② 50

③ 55　　　　　　　　④ 60

18. 인터넷 사이트에 접속하여 초당 1.5MB의 속도로 파일을 내려받는 데 총 12분 30초가 걸렸다. 파일을 내려 받는 데 걸린 시간은 인터넷 사이트에 접속하는 데 걸린 시간의 4배일 때, 내려 받은 파일의 크기는?

① 500MB　　　　　② 650MB

③ 900MB　　　　　④ 1,000MB

19. 전교생이 1,000명이고 이 중 남학생이 여학생보다 200명이 많은 어느 학교에서 안경 낀 학생 수를 조사하였다. 안경 낀 학생은 안경을 끼지 않은 학생보다 300명이 적었다. 안경 낀 남학생은 안경 낀 여학생의 1.5배이었다면 안경 낀 여학생은 몇 명인가?

① 120　　　　　　　② 140

③ 160　　　　　　　④ 180

20. 동근이는 동료들과 함께 공원을 산책하였다. 공원에는 동일한 크기의 벤치가 몇 개 있다. 한 벤치에 5명씩 앉았더니 4명이 앉을 자리가 없어서 6명씩 앉았더니 남는 자리 없이 딱 맞았다. 동근이는 몇 명의 동료들과 함께 공원을 갔는가?

① 16명　　　　　　　② 20명

③ 24명　　　　　　　④ 30명

21. 30% 할인해서 팔던 벤치파카를 이월 상품 정리 기간에 할인된 가격의 20%를 추가로 할인해서 팔기로 하였다. 이 벤치파카는 원래 가격에서 얼마나 할인된 가격으로 판매하는 것인가?

① 34%　　　　　　　② 44%

③ 56%　　　　　　　④ 66%

22. A 주식의 가격은 B 주식의 가격의 2배이다. 민재가 두 주식을 각각 10주씩 구입 후 A 주식은 30%, B주식은 20% 올라 총 주식의 가격이 76,000원이 되었다. 오르기 전의 B 주식의 주당 가격은 얼마인가?

① 1,000원　　　　　② 1,500원

③ 2,000원　　　　　④ 3,000원

23. 올림이는 200만 원짜리 DSLR 카메라를 사기 위해 하루 6시간씩 아르바이트를 하였다. 아르바이트 시급이 5,000원일 때 올림이는 며칠 동안 아르바이트를 하여야 하는가?

① 61일　　　　　　　② 63일

③ 65일　　　　　　　④ 67일

24. 다음 표는 우리나라의 기대수명과 고혈압 및 당뇨 유병률, 비만율에 대한 표이다. 이에 대한 설명으로 옳은 것은?

(단위 : 세, %)

	2019	2020	2021	2022	2023	2024	2025
기대수명	79.6	80.1	80.5	80.8	81.2	81.4	81.9
고혈압 유병률	24.6	26.3	26.4	26.9	28.5	29	27.3
당뇨 유병률	9.6	9.7	9.6	9.7	9.8	9	11
비만율	31.7	30.7	31.3	30.9	31.4	32.4	31.8

① 고혈압 유병률과 당뇨 유병률은 해마다 증가하고 있다.

② 고혈압 유병률의 변동은 2023년에 가장 크게 나타났다.

③ 당뇨 유병률의 변동은 1% 이상 나타나지 않는다.

④ 비만율의 증감은 증가 또는 감소와 같이 일정한 방향성이 없다.

25. 다음은 성인 직장인을 대상으로 소속감에 대하여 조사한 결과를 정리한 표이다. 조사 결과를 사회 집단 개념을 사용하여 분석한 내용으로 옳은 것은?

(단위 : %)

구분		가정	직장	동창회	친목 단체	합계
성별	남성	53.1	21.9	16.1	8.9	100.0
	여성	68.7	13.2	9.8	8.3	100.0
학력	중졸 이하	71.5	8.2	10.6	9.7	100.0
	고졸	62.5	17.7	11.8	8.0	100.0
	대졸 이상	54.0	22.5	16.0	7.5	100.0

① 학력이 높을수록 공동 사회라고 응답한 비율이 높다.

② 이익 사회라고 응답한 비율은 남성이 여성보다 높다.

③ 성별과 상관없이 자발적 결사체라고 응답한 비율이 가장 높다.

④ 과업 지향적인 집단이라고 응답한 비율은 여성이 남성보다 높다.

┃26~27┃ 다음에 제시된 9개의 단어 중 관련된 3개의 단어를 통해 유추할 수 있는 것을 고르시오.

26.

계산기, 단풍, 키보드, 자동차, 연기, 고추잠자리, 영화, 플라스틱, 추수

① 극장
② 여름
③ 가을
④ 공장

27.

돌고래, 지우개, 흑연, 묘기, 왕, 육각형, 개미, 도마뱀, 동물원

① 숲
② 벌꿀
③ 연필
④ 아쿠아리움

28. 다음에서 제시된 뜻이 설명하고 있는 단어를 고르면?

국가 기관이나 공공 단체의 일을 맡아보는 직책이나 직무

① 입직
② 사직
③ 구직
④ 공직

29. 다음 제시된 단어의 의미로 옳은 것을 고르시오.

용동되다

① 두렵거나 놀라서 몸이 솟구쳐 뛰듯 움직이게 되다.

② 쓸데없는 일에 바쁘다.

③ 매우 안타깝거나 추워서 발을 가볍게 자꾸 구르다.

④ 별로 힘들이지 않고 계속 가볍게 행동하다.

30. 다음 글의 내용과 일치하지 않는 것은?

물체가 진동하면 소리가 만들어진다. 이 중 주파수가 16Hz에서 20,000Hz 사이인 소리를 사람이 들을 수 있다. 소리를 듣는다는 것은 소리가 귀를 통해 뇌로 전달되어 분석되는 과정이다. 이 과정을 간략하게 설명하면, 소리는 외이와 중이를 거쳐 내이로 전달되고 내이에서 주파수별로 감지된다. 이후 각각의 정보는 청신경을 통해 뇌간으로 간 다음 뇌의 양측 측두엽으로 전달되어 최종 분석되는 것이다.

귀는 귓바퀴와 외이도를 포함한 외이, 고막과 청소골로 형성된 중이, 주파수별로 소리를 감지하는 내이로 나뉜다. 물렁뼈로 이루어진 귓바퀴는 소리를 모아서 외이도로 전달한다. 외이도는 고막과 함께 한쪽이 막힌 공명기 역할을 하여 일정 영역대의 소리 크기를 증폭해 준다.

중이에는 고막과 세 개의 단단한 뼈인 청소골이 있다. 고막은 외이도를 거쳐 도달한 진동 에너지를 모으고 증폭시켜 청소골로 전달한다. 증폭된 진동 에너지가 청소골을 울리고 청소골은 지렛대 같은 원리로 진동을 더욱 증폭시켜 내이 안의 림프라는 액체에 전달한다. 청소골의 작용 없이 진동 에너지가 림프가 차 있는 내이에 직접 전달된다면 공기와 액체의 밀도가 다르기 때문에 진동 에너지의 대부분이 반사되고 일부만이 내이로 전달될 것이다. 이렇게 고막과 청소골은 서로 다른 물질 사이에서 중계자 역할을 하여 에너지의 손실을 줄인다.

내이는 단단한 뼈로 둘러싸여 있는데 달팽이 껍질과 유사한 모양이기 때문에 달팽이관이라는 별명도 있다. 달팽이관의 안에는 기저막이 있는데 이 위에 코르티기관이 존재한다. 코르티기관에는 털세포가 들어 있으며 이 세포들이 외부에서 들어오는 소리 에너지를 받아 주파수별로 소리 정보를 나누어 감지하고, 이를 청신경에 전달한다. 이 때 고주파 소리는 기저부에서 감지되고 저주파 소리는 첨부에서 감지된다. 기저부는 달팽이 껍질 모양의 넓은 쪽에, 첨부는 끝부분인 좁은 쪽에 해당한다.

① 외이와 중이는 소리를 모으고 증폭시키는 기관이다.
② 중이를 통해 전달된 소리는 내이에서 주파수별로 감지된다.
③ 중이는 서로 다른 물질 사이에서 에너지의 손실을 줄여 소리를 중계한다.
④ 내이는 중이에서 전달되는 소리를 받아들이기 쉽게 물렁뼈로 둘러싸여 있다.

31. 다음 (　)에 들어갈 말로 적절한 것은?

반포지효(反哺之孝) : 까마귀 = 호가호위(狐假虎威) : (　　　)

① 까치　　　　　　　　② 거북이
③ 여우　　　　　　　　④ 사자

32. 다음 중 단어의 관계가 다른 하나는?

① 도서관 – 책 – 소설책
② 대리점 – 자동차 – SUV
③ 극장 – 영화 – 스릴러영화
④ 백화점 – 마트 – 편의점

33. 다음 글의 내용과 일치하는 것은?

극의 진행과 등장인물의 대사 및 감정 등을 관객에게 설명했던 변사가 등장한 것은 1900년대이다. 미국이나 유럽에서도 변사가 있었지만 그 역할은 미미했을 뿐더러 그마저도 자막과 반주 음악이 등장하면서 점차 소멸하였다. 하지만 주로 동양권, 특히 한국과 일본에서는 변사의 존재가 두드러졌다. 한국에서 변사가 본격적으로 등장한 것은 극장가가 형성된 1910년부터인데, 한국 최초의 변사는 우정식으로, 단성사를 운영하던 박승필이 내세운 인물이었다. 그 후 김덕경, 서상호, 김영환, 박응면, 성동호 등이 변사로 활약했으며 당시 영화 흥행의 성패를 좌우할 정도로 그 비중이 컸다. 단성사, 우미관, 조선 극장 등의 극장은 대개 5명 정도의 변사를 전속으로 두었으며 2명 내지 3명이 교대로 무대에 올라 한 영화를 담당하였다. 4명 내지 8명의 변사가 한 무대에 등장하여 영화의 대사를 교환하는 일본과는 달리, 한국에서는 한 명의 변사가 영화를 설명하는 방식을 취하였으며, 영화가 점점 장편화되면서부터는 2명 내지 4명이 번갈아 무대에 등장하는 방식으로 바뀌었다. 변사는 악단의 행진곡을 신호로 무대에 등장하였으며, 소위 전설(前說)을 하였는데 전설이란 활동사진을 상영하기 전에 그 개요를 앞서 설명하는 것이었다. 전설이 끝나면 활동사진을 상영하고 해설을 시작하였다. 변사는 전설과 해설 이외에도 막간극을 공연하기도 했는데 당시 영화관에는 영사기가 대체로 한 대밖에 없었기 때문에 필름을 교체하는 시간을 이용하여 코믹한 내용을 공연하였다.

① 한국과는 달리 일본에서는 변사가 막간극을 공연했다.
② 한국에 극장가가 형성되기 시작한 것은 1900년경이었다.
③ 한국은 영화의 장편화로 무대에 서는 변사의 수가 늘어났다.
④ 자막과 반주 음악의 등장으로 변사의 중요성이 더욱 높아졌다.

34. 다음 글이 설명하고자 하는 것은?

구비문학에서는 기록문학과 같은 의미의 단일한 작품 내지 원본이라는 개념이 성립하기 어렵다. 윤선도의 '어부사시사'와 채만식의 '태평천하'는 엄밀하게 검증된 텍스트를 놓고 이것이 바로 그 작품이라 할 수 있지만, '오누이 장사 힘내기' 전설이라든가 '진주 낭군' 같은 민요는 서로 조금씩 다른 종류의 구연물이 다 그 나름의 개별적 작품이면서 동일 작품의 변이형으로 인정되기도 하는 것이다. 이야기꾼은 그의 개인적 취향이나 형편에 따라 설화의 어떤 내용을 좀 더 실감 나게 손질하여 구연할 수 있으며, 때로는 그 일부를 생략 혹은 변경할 수 있다. 모내기할 때 부르는 '모노래'는 전승적 가사를 많이 이용하지만, 선창자의 재간과 그때그때의 분위기에 따라 새로운 노래 토막을 끼워 넣거나 일부를 즉흥적으로 개작 또는 창작하는 일도 흔하다.

① 구비문학의 현장성
② 구비문학의 유동성
③ 구비문학의 전승성
④ 구비문학의 구연성

35. 괄호 안에 들어갈 말로 가장 적절한 것은?

현대 자본주의 사회에서 대중은 예술미보다 상품미에 더 민감하다. 상품미란 이윤을 얻기 위해 대량으로 생산하는 상품이 가지는 아름다움을 의미한다. (　　　)라고, 요즘 생산자는 상품을 많이 팔기 위해 디자인과 색상에 신경을 쓰고, 소비자는 같은 제품이라도 겉모습이 화려하거나 아름다운 것을 구입하려고 한다. 결국 우리가 주위에서 보는 거의 모든 상품은 상품미를 추구하고 있다. 그래서인지 모든 것을 다 상품으로 취급하는 자본주의 사회에서는 돈벌이를 위해서라면 모든 사물, 심지어는 인간까지도 상품미를 추구하는 대상으로 삼는다.

① 같은 값이면 다홍치마
② 술 익자 체 장수 지나간다.
③ 원님 덕에 나팔 분다.
④ 구슬이 서 말이라도 꿰어야 보배

36. 다음 글을 읽고 알 수 있는 내용으로 적절하지 않은 것은 어느 것인가?

인공지능이란 인간처럼 사고하고 감지하고 행동하도록 설계된 일련의 알고리즘인데, 컴퓨터의 역사와 발전을 함께한다. 생각하는 컴퓨터를 처음 제시한 것은 컴퓨터의 아버지라 불리는 앨런 튜링(Alan Turing)이다. 앨런 튜링은 현대 컴퓨터의 원형을 제시한 인물로 알려져 있다. 그는 최초의 컴퓨터라 평가받는 에니악(ENIAC)이 등장하기 이전(1936)에 '튜링 머신'이라는 가상의 컴퓨터를 제시했다. 가상으로 컴퓨터라는 기계를 상상하던 시점부터 앨런 튜링은 인공지능을 생각한 것이다.

2016년에 이세돌 9단과 알파고의 바둑 대결이 화제가 됐지만, 튜링은 1940년대부터 체스를 두는 기계를 생각하고 있었다. 흥미로운 점은 튜링이 생각한 '체스 기계'는 경우의 수를 빠르게 계산하는 방식의 기계가 아니라 스스로 체스 두는 법을 학습하는 기계를 의미했다는 것이다. 요즘 이야기하는 머신러닝을 70년 전에 고안했던 것이다. 튜링의 상상을 약 70년 만에 현실화한 것이 '알파고'다. 이전에도 체스나 바둑을 두던 컴퓨터는 많았다. 하지만 그것들은 인간이 체스나 바둑을 두는 알고리즘을 입력한 것이었다. 이 컴퓨터들의 체스, 바둑 실력을 높이려면 인간이 더 높은 수준의 알고리즘을 제공해야 했다. 결국 이 컴퓨터들은 인간이 정해준 알고리즘을 수행하는 역할을 할 뿐이었다. 반면, 알파고는 튜링의 상상처럼 스스로 바둑 두는 법을 학습한 인공지능이다. 일반 머신러닝 알고리즘을 기반으로, 바둑의 기보를 데이터로 입력받아 스스로 바둑 두는 법을 학습한 것이 특징이다.

① 앨런 튜링이 인공지능을 생각해 낸 것은 컴퓨터의 등장 이전이다.
② 앨런 튜링은 세계 최초의 머신러닝 발명품을 고안해냈다.
③ 알파고는 스스로 학습하는 인공지능을 지녔다.
④ 알파고는 바둑을 둘 수 있는 세계 최초의 컴퓨터가 아니다.

37. 다음 문장들을 두괄식 문단으로 구성하고자 할 때. 문맥상 가장 먼저 와야 할 문장은?

㉠ 신라의 진평왕 때 눌최는 백제국의 공격을 받았을 때 병졸들에게, "봄날 온화한 기운에는 초목이 모두 번성하지만 겨울의 추위가 닥쳐오면 소나무와 잣나무는 늦도록 잎이 지지 않는다. ㉡ 이제 외로운 성은 원군도 없고 날로 더욱 위태로우니, 이것은 진실로 지사·의부가 절개를 다하고 이름을 드러낼 때이다."라고 훈시하였으며 분전하다가 죽었다. ㉢ 선비 정신은 의리 정신으로 표현되는 데서 그 강인성이 드러난다. ㉣ 죽죽(竹竹)도 대야성에서 백제 군사에 의하여 성이 함락될 때까지 항전하다가 항복을 권유받자, "나의 아버지가 나에게 죽죽이라 이름 지어 준 것은 내가 추운 겨울에도 잎이 지지 않으며 부러질지언정 굽힐 수 없도록 하려는 것이었다. 어찌 죽음을 두려워하여 살아서 항복할 수 있겠는가."라고 결의를 밝혔다.

① ㉠
② ㉡
③ ㉢
④ ㉣

38. 문맥에 따른 배열로 가장 적절한 것은?

> (가) 그러나 사람들은 소유에서 오는 행복은 소중히 여기면서 정신적 창조와 인격적 성장에서 오는 행복은 모르고 사는 경우가 많다.
>
> (나) 소유에서 오는 행복은 낮은 차원의 것이지만 성장과 창조적 활동에서 얻는 행복은 비교할 수 없이 고상한 것이다.
>
> (다) 부자가 되어야 행복해진다고 생각하는 사람은 스스로 부자라고 만족할 때까지는 행복해지지 못한다.
>
> (라) 하지만 최소한의 경제적 여건에 자족하면서 정신적 창조와 인격적 성장을 꾀하는 사람은 얼마든지 차원 높은 행복을 누릴 수 있다.
>
> (마) 자기보다 더 큰 부자가 있다고 생각될 때는 여전히 불만과 불행에 사로잡히기 때문이다.

① (나) – (라) – (가) – (다) – (마)

② (나) – (가) – (마) – (라) – (다)

③ (다) – (마) – (라) – (나) – (가)

④ (다) – (라) – (마) – (가) – (나)

39. 다음 글의 전개 순서로 가장 자연스러운 것은?

> ㉠ 커피는 클로로겐산 때문에 위장을 자극하기 때문에 공복 때는 피하고 지나치게 마시지 말아야 한다.
>
> ㉡ 커피콩의 성분은 카페인 · 탄닌 · 단백질 · 지질 · 당질 등으로 이 중 커피의 g당 카페인 함유량은 녹차나 홍차보다 낮다.
>
> ㉢ 또, 카페인이나 탄닌 때문에 설탕을 섞으니 설탕의 과잉 섭취가 염려되고, 설탕을 넣지 않은 커피는 위를 다치기 쉬우니 우유를 넣는 것이 좋다.
>
> ㉣ 이후 커피가 유럽에 전해진 것은 1651년이고, 인도에는 17세기 초에 들어 왔다.
>
> ㉤ 그러나 이 카페인 때문에 습관성이 생긴다.
>
> ㉥ 커피의 원산지는 에티오피아로 이것이 아라비아에 전해졌고 아라비아인은 오랫동안 커피산업을 독점하고 있었다.

① ㉥㉤㉡㉠㉣

② ㉥㉣㉡㉤㉠㉢

③ ㉢㉠㉤㉣㉡㉥

④ ㉢㉡㉠㉤㉣㉥

40. 다음 글의 전제로 가장 적절한 것은?

> 말로 표현되지 않으면 우리의 생각은 꼴 없이 불분명한 덩어리에 지나지 않는다. 기호의 도움 없이는 우리가 두 생각을 똑똑히 그리고 한결같이 구별하지 못하리란 것은 철학자나 언어학자나 다 같이 인정하는 바이다. 언어가 나타나기 전에는 미리 형성된 관념이 존재할 수 없으며 어떤 생각도 분명해질 수 없다.

① 인간은 언어 사용 이전에도 개념을 구분할 수 있다.

② 언어학자들은 언어를 통해 사고를 분석한다.

③ 말과 생각은 일정한 관련이 있다.

④ 생각은 말로 표현되어야 한다.

41. 다음 글에서 〈보기〉가 들어가기에 가장 적절한 곳은?

〈보기〉
아침기도는 간략한 아침 뉴스로, 저녁기도는 저녁 종합 뉴스로 바뀌었다.

철학자 헤겔이 주장했듯이, 삶을 인도하는 원천이자 권위의 시금석으로서의 종교를 뉴스가 대체할 때 사회는 근대화된다. 선진 경제에서 뉴스는 이제 최소한 예전에 신앙이 누리던 것과 동등한 권력의 지위를 차지한다. 뉴스 타전은 소름이 돋을 정도로 정확하게 교회의 시간 규범을 따른다. (㉠) 뉴스는 우리가 한때 신앙심을 품었을 때와 똑같은 공손한 마음을 간직하고 접근하기를 요구하기도 한다. (㉡) 우리 역시 뉴스에서 계시를 얻기 바란다. (㉢) 누가 착하고 누가 악한지 알기를 바라고, 고통을 헤아려 볼 수 있기를 바라며, 존재의 이치가 펼쳐지는 광경을 이해하길 희망한다. (㉣) 그리고 이 의식에 참여하길 거부하는 경우 이단이라는 비난을 받기도 한다.

① ㉠

② ㉡

③ ㉢

④ ㉣

42. 다음 글의 중심 내용을 가장 적절한 것은?

분노는 공격과 복수의 행동을 유발한다. 분노 감정의 처리에는 '눈에는 눈, 이에는 이'라는 탈리오 법칙이 적용된다. 분노의 감정을 느끼게 되면 상대방에 대해 공격적인 행동을 하고 싶은 충동이 일어난다. 동물의 경우, 분노를 느끼면 이빨을 드러내게 되고 발톱을 세우는 등 공격을 위한 준비 행동을 나타내게 된다. 사람의 경우에도 분노를 느끼면 자율신경계가 활성화되고 눈매가 사나워지며 이를 꽉 깨물고 주먹을 불끈 쥐는 등 공격 행위와 관련된 행동들이 나타나게 된다. 특히 분노 감정이 강하고 상대방이 약할수록 공격 충동은 행동화되는 경향이 있다.

① 공격을 유발하게 되는 원인

② 분노가 야기하는 행동의 변화

③ 탈리오 법칙의 정의와 실제 사례

④ 동물과 인간의 분노 감정의 차이

43. 다음 글의 ( )에 들어갈 문장으로 가장 적절한 것은?

먼저 냉장고를 사용하면 전기를 낭비하게 된다. 언제 먹을지 모를 음식을 보관하는 데 필요 이상으로 전기를 쓰게 되는 것이다. 전기를 낭비한다는 것은 전기를 만드는 데 쓰이는 귀중한 자원을 낭비하는 것과 같다.
( ) 냉장고가 없던 시절에는 식구가 먹고 남을 정도의 음식을 만들거나 얻게 되면 미련없이 이웃과 나누어 먹었다. 여러 가지 이유가 있겠지만 그 이유 가운데 하나는 남겨 두면 음식이 상한다는 것이었다. 그런데 냉장고를 사용하게 되면서 그 이유가 사라지게 되고, 이에 따라 이웃과 음식을 나누어 먹는 일이 줄어들게 되었다. 냉장고에 넣어 두면 일주일이고 한 달이고 오랫동안 상하지 않게 보관할 수 있기 때문이다. 냉장고는 점점 커지고, 그 안에 넣어 두는 음식은 하나둘씩 늘어난다.

또한 냉장고는 당장 소비할 필요가 없는 것들을 사게 한다. 그리하여 애꿎은 생명을 필요 이상으로 죽게 만들어서 생태계의 균형을 무너뜨린다. 짐승이나 물고기 등을 마구 잡고, 당장 죽이지 않아도 될 수많은 가축을 죽여 냉장고 안에 보관하게 한다. 대부분의 가정집 냉장고에는 양의 차이는 있지만 닭고기, 쇠고기, 돼지고기, 생선, 멸치, 포 등이 쌓여 있다. 이것을 전국적으로, 아니 전 세계적으로 따져 보면 엄청난 양이 될 것이다. 우리는 냉장고를 사용함으로써 애꿎은 생명들을 필요 이상으로 죽여 냉동하는 만행을 습관적으로 저지르고 있는 셈이다.

① 냉장고의 사용으로 음식들의 유통기한이 늘어나고 있다.

② 우리는 냉장고를 쓰면서 인정을 잃어 간다.

③ 우리는 냉장고를 통해 안정적으로 식량을 확보할 수 있다.

④ 냉장고는 음식에 대한 보다 넓은 가능성을 제시한다.

44. 다음 글의 연결 순서로 가장 적절한 것은?

> ㉠ 과학은 현재 있는 그대로의 실재에만 관심을 두고 그 실재가 앞으로 어떠해야 한다는 당위에는 관심을 가지지 않는다.
> ㉡ 그러나 각자 관심을 두지 않는 부분에 대해 상대방으로부터 도움을 받을 수 있기 때문에 상호 보완적이라고 보는 것이 더 합당하다.
> ㉢ 과학과 종교는 상호 배타적인 것이 아니며 상호 보완적이다.
> ㉣ 반면 종교는 현재 있는 그대로의 실재보다는 당위에 관심을 가진다.
> ㉤ 이처럼 과학과 종교는 서로 관심의 영역이 다르기 때문에 배타적이라고 볼 수 있다.

① ㉠ － ㉣ － ㉡ － ㉢ － ㉤

② ㉠ － ㉣ － ㉤ － ㉢ － ㉡

③ ㉢ － ㉠ － ㉣ － ㉤ － ㉡

④ ㉢ － ㉡ － ㉠ － ㉣ － ㉤

45. 다음 글의 전개 순서로 가장 자연스러운 것은?

> (가) 포인트 카드는 경제학에서 볼 때, '가격 차별'의 한 유형이다. 가격 차별이란, 동일한 물건을 파는데 사는 사람에 따라 다른 가격을 적용하는 것이다. 기업들이 가격 차별 정책을 펴는 것은 이익을 극대화하기 위해서이다. 동일한 물건이라도 각 개인에게 주는 가치는 다르다. 가치가 다른 만큼 각 개인이 지불하고자 하는 가격도 다르다. 즉, 동일한 물건에 대한 '유보 가격'이 사람마다 다르다는 것이다. 유보 가격은 어떤 물건에 대해 소비자가 지불할 용의가 있는 최고의 가격을 말한다.

> (나) 그렇다면 회사마다 포인트 카드를 만들어내는 이유는 무엇일까? 포인트 카드는 단골손님을 만들어내는 효과가 있다. 영화를 볼 때 A영화관 포인트 카드가 있으면 다른 영화관보다 A영화관으로 가려 할 것이다. B음식점 포인트 카드가 있으면 음식을 먹을 때 B 음식점을 먼저 찾을 것이다. 하지만 포인트 카드를 무분별하게 만들어내면서 기업이 포인트 카드로 단골손님을 만드는 것은 점점 어려워지고 있다.

> (다) 영화를 보러 가도, 커피를 마시러 가도 어디서나 포인트 카드의 소지 여부를 물어 본다. 포인트 카드가 있으면 값을 일정 부분 깎아 주거나, 포인트로 적립해서 현금처럼 사용하도록 해 준다. 현실이 이렇다 보니, 제값을 다 내면 왠지 나만 손해를 보는 느낌이 든다.

> (라) 할인 판매 기간 중 백화점에 가면 상품마다 두 개의 가격이 표시돼 있다. 둘 중 높은 가격이 '정상 가격'이고 낮은 가격이 '할인 가격'이다. 어떤 백화점에서는 정상 가격이 50만 원인 물건을 할인 판매 기간 중에 사면 영수증에 "15만 원 에누리"라는 문구를 포함하기도 한다. 정상 가격에 비해 15만 원을 절약했다는 것이다. 하지만 같은 물건을 어떤 때는 50만 원에 팔고 어떤 때는 35만 원 에 판다면, 이 물건의 정상 가격이 과연 50만 원 이라고 할 수 있을까? 평균을 내서 40만 원 혹은 45만 원 정도를 정상가격으로 보는 게 맞지 않을까? 그렇다면 소비자가 할인가격으로 물건을 사는 게 '절약'으로 보이지만 사실은 할인되지 않은 가격으로 물건을 사는 것은 '바가지 쓰기'라고 볼 수 있다.

> (마) 포인트 카드에 대해서도 비슷한 말을 할 수 있다. 포인트 카드를 제시하는 사람에게 적용되는 가격이 사실은 '할인 가격'이 아니라 포인트 카드를 제시하지 않은 사람에게 적용되는 가격이 '바가지 가격'이 되는 것이다. 모든 사람이 포인트 카드를 가지고 다닌다면 대부분의 사람들에게 적용되는 할인가격이 실제로는 정상가격이고, 이 가격보다 높은 가격은 바가지 가격으로 봐야 하기 때문이다.

① (가) － (나) － (라) － (마) － (다)

② (가) － (다) － (나) － (라) － (마)

③ (다) － (가) － (나) － (마) － (라)

④ (다) － (나) － (가) － (라) － (마)

46. 다음을 논리적 순서로 배열한 것은?

> ㉠ 그 덕분에 인류의 문명은 발달될 수 있었다.
> ㉡ 그 대신 사람들은 잠을 빼앗겼고 생물들은 생체 리듬을 잃었다.
> ㉢ 인간은 오랜 세월 태양의 움직임에 따라 신체 조건을 맞추어 왔다.
> ㉣ 그러나 밤에도 빛을 이용해 보겠다는 욕구가 관솔불, 등잔불, 전등을 만들어 냈고, 이에 따라 밤에 이루어지는 인간의 활동이 점점 많아졌다.

① ㉠㉡㉢㉣
② ㉡㉠㉣㉢
③ ㉢㉣㉠㉡
④ ㉣㉢㉡㉠

47. 다음 문장들을 미괄식 문단으로 구성하고자 할 때 문맥상 전개 순서로 가장 옳은 것은?

> ㉠ 숨 쉬고 마시는 공기와 물은 이미 심각한 수준으로 오염된 경우가 많고, 자원의 고갈, 생태계의 파괴는 더 이상 방치할 수 없는 지경에 이르고 있다.
> ㉡ 현대인들은 과학 기술이 제공하는 물질적 풍요와 생활의 편리함의 혜택 속에서 인류의 미래를 낙관적으로 전망하기도 한다.
> ㉢ 자연 환경의 파괴뿐만 아니라 다양한 갈등으로 인한 전쟁의 발발 가능성은 도처에서 높아지고 있어서, 핵전쟁이라도 터진다면 인류의 생존은 불가능해질 수도 있다.
> ㉣ 이런 위기들이 현대 과학 기술과 밀접한 관계가 있다는 사실을 알게 되는 순간, 과학 기술에 대한 지나친 낙관적 전망이 얼마나 위험한 것인가를 깨닫게 된다.
> ㉤ 오늘날 주변을 돌아보면 낙관적인 미래 전망이 얼마나 가벼운 것인지를 깨닫게 해 주는 심각한 현상들을 쉽게 찾아볼 수 있다.

① ㉠㉢㉤㉣
② ㉡㉣㉤㉠㉢
③ ㉡㉤㉠㉢㉣
④ ㉤㉣㉠㉢㉡

48. 내용의 전개에 따라 바르게 배열한 것은?

(개) 사물은 저것 아닌 것이 없고, 또 이것 아닌 것이 없다. 이쪽에서 보면 모두가 저것, 저쪽에서 보면 모두가 이것이다.

(내) 그러므로 저것은 이것에서 생겨나고, 이것 또한 저것에서 비롯된다고 한다. 이것과 저것은 저 혜시(惠施)가 말하는 방생(方生)의 설이다.

(대) 그래서 성인(聖人)은 이런 상대적인 방법에 의하지 않고, 그것을 절대적인 자연의 조명(照明)에 비추어 본다. 그리고 커다란 긍정에 의존한다. 거기서는 이것이 저것이고 저것 또한 이것이다. 또 저것도 하나의 시비(是非)이고 이것도 하나의 시비이다. 과연 저것과 이것이 있다는 말인가. 과연 저것과 이것이 없다는 말인가.

(래) 그러나 그, 즉 혜시(惠施)도 말하듯이 삶이 있으면 반드시 죽음이 있고, 죽음이 있으면 반드시 삶이 있다. 역시 된다가 있으면 안 된다가 있고, 안 된다가 있으면 된다가 있다. 옳다에 의거하면 옳지 않다에 기대는 셈이 되고, 옳지 않다에 의거하면 옳다에 의지하는 셈이 된다.

① (개)(내)(대)(래)　　② (개)(내)(래)(대)

③ (개)(대)(내)(래)　　④ (개)(래)(내)(대)

|49~50| 다음 제시된 식을 보고 빈칸에 들어갈 알맞은 수를 고르시오.

49.

8 * 2=16 6 * 6=1 24 * 8=(　　)

① 3　　　　　② 6

③ 9　　　　　④ 11

50.

72　3　216　　36　(　　)　324　　41　7　287　　56　4　224

① 8　　　　　② 9

③ 10　　　　　④ 11

13

51. 다음 글을 근거로 판단할 때 A팀이 최종적으로 선택하게 될 이동수단의 종류와 그 비용을 바르게 연결한 것은?

> 총 4명으로 구성된 A팀은 해외출장을 계획하고 있다. A팀은 출장지에서의 이동수단 한 가지를 결정하려고 한다. 이 때 A팀은 경제성, 용이성, 안전성의 총 3가지 요소를 고려하여 최종점수가 가장 높은 이동수단을 선택한다.
> - 각 고려요소의 평가결과 '상' 등급을 받으면 3점을, '중' 등급을 받으면 2점을, '하' 등급을 받으면 1점을 부여한다. 단, 안전성을 중시하여 안전성 점수를 2배로 계산한다. (예를 들어, 안전성 '하' 등급은 2점)
> - 경제성은 각 이동수단별 최소비용이 적은 것부터 상, 중, 하로 계산한다.
> - 각 고려요소의 평가점수를 합하여 최종점수를 구한다.

〈평가표〉

이동수단	경제성	용이성	안전성
렌터카	?	상	하
택시	?	중	중
대중교통	?	하	중

〈이동수단별 비용계산식〉

이동수단	비용계산식
렌터카	(렌트비＋유류비)×이용 일수 －렌트비＝$50/1일(4인승 차량) －유류비＝$10/1일(4인승 차량)
택시	거리당 가격($1/1마일)×이동거리(마일)－ 최대 4명가지 탑승가능
대중교통	대중교통패스 3일권($40/1인)×인원 수

〈해외출장 일정〉

출장일정	이동거리(마일)
10월 1일	100
10월 2일	50
10월 3일	50

① 렌터카 － $180
② 택시 － $200
③ 택시 － $400
④ 대중교통 － $160

52. 다음은 어떤 학교 학생의 학교에서 집까지의 거리를 조사한 결과이다. ㉠과 ㉡에 들어갈 수로 옳은 것은? (조사결과는 학교에서 집까지의 거리가 1km 미만인 사람과 1km 이상인 사람으로 나눠서 표시함)

성별	1km 미만	1km 이상	합계
남성	〔 〕(%)	168 (㉠%)	240(100%)
여성	〔㉡〕(36%)	〔 〕(64%)	200(100%)

	㉠	㉡
①	60	70
②	60	72
③	70	70
④	70	72

53. 응시자가 모두 30명인 시험에서 20명이 합격했다. 이 시험의 커트라인은 전체 응시자의 평균보다 5점이 낮고, 합격자의 평균보다는 30점이 낮았으며, 또한 불합격자 평균 점수의 2배보다는 2점이 낮았다. 이 시험의 커트라인은 얼마인가?

① 90점
② 92점
③ 94점
④ 95점

54. 오지은 사원이 서류를 정리하고 있다. 처음 10장을 할 때에는 장당 평균 100초가 걸렸다. 20장을 정리하는 데는 장당 평균 90초가 걸렸고, 40장을 정리하는 데는 장당 평균 81초가 걸렸다. 추가로 40장을 정리하는데 걸리는 시간은 약 몇 분인가?

① 39분
② 41분
③ 43분
④ 45분

55. 산과 들판 모임에서 등산을 가기 위해 1인당 18,000원씩 내어 버스를 빌렸다. 그런데 막상 당일 10명이 나타나지 않아 1인당 24,000원씩 부담해야 했다. 그날 버스를 타고 등산을 간 사람은 모두 몇 명인가?

① 20명　　　　　　② 25명

③ 30명　　　　　　④ 35명

56. 다음 도형들의 일정한 규칙을 찾아 ? 표시된 부분에 들어갈 도형을 고르시오.

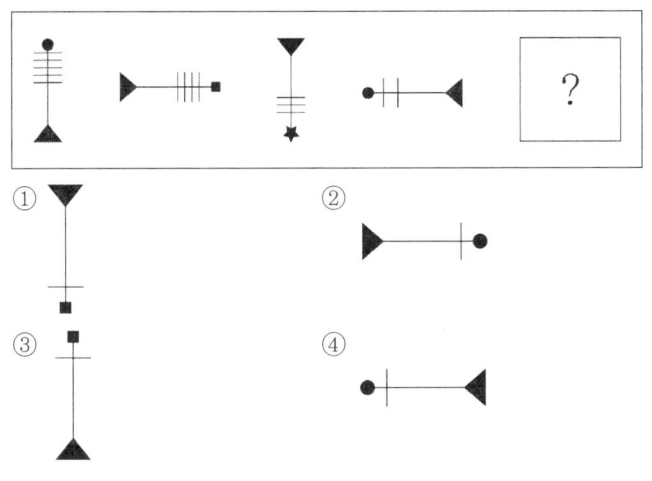

①　　　　　　　　②

③　　　　　　　　④

57. 제시된 도형을 회전시켰을 때, 다른 도형은 어느 것인가?

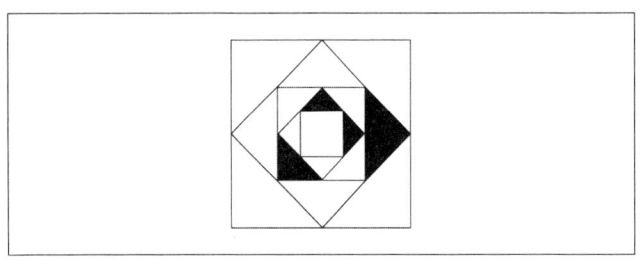

① 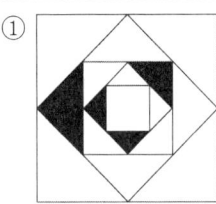　　　　②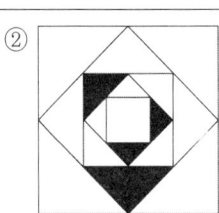

③ 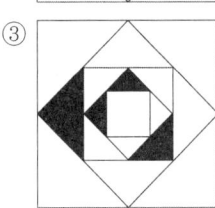　　　　④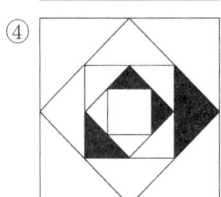

58. 다음에 제시된 블록들을 화살표 표시한 방향에서 바라봤을 때의 모양으로 알맞은 것을 고르시오.

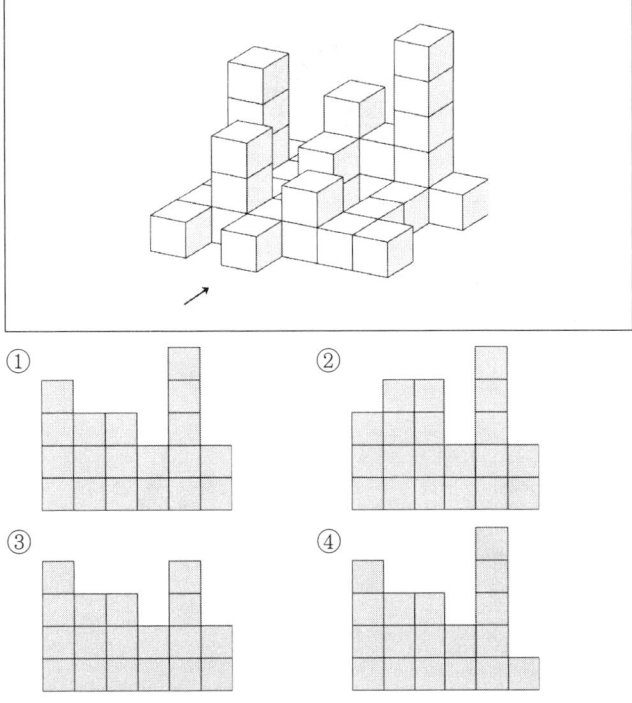

① ②

③ ④

59. 다음 제시된 두 도형을 결합했을 때 만들 수 없는 형태를 고르시오.

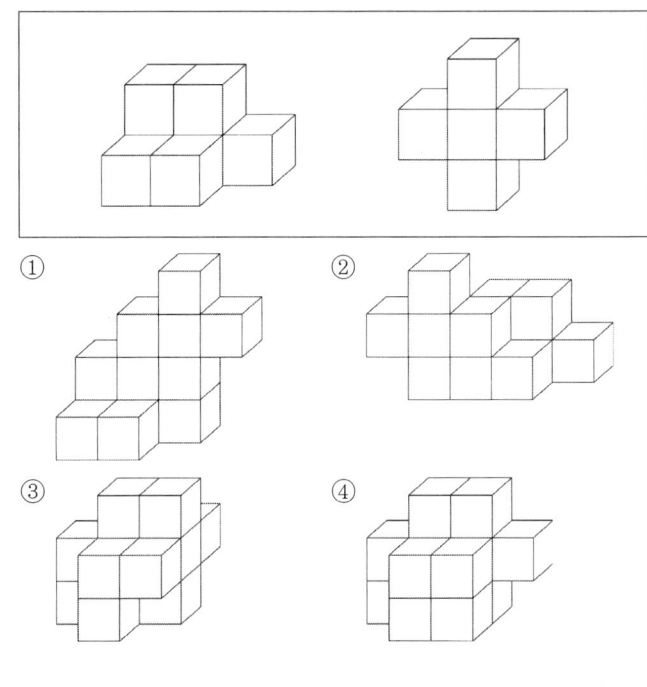

① ②

③ ④

60. 다음과 같이 화살표 방향으로 종이를 접어 가위로 잘라낸 뒤 펼친 모양에 해당하는 것을 고르시오.

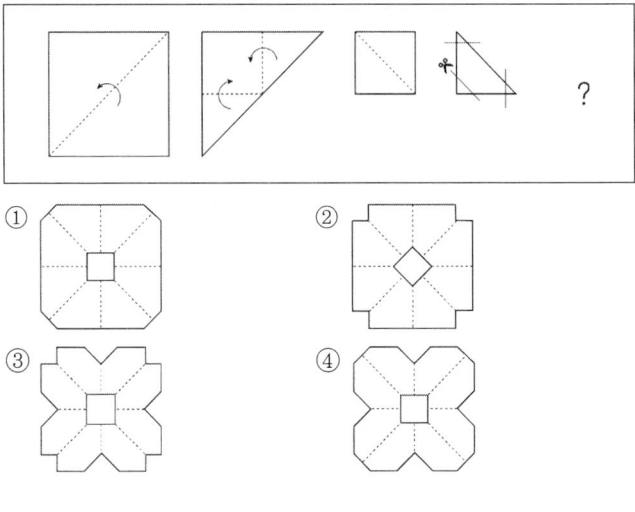

① ②

③ ④

61. 다음과 같이 종이를 접은 후 구멍을 뚫어 펼친 그림으로 옳은 것을 고르시오.

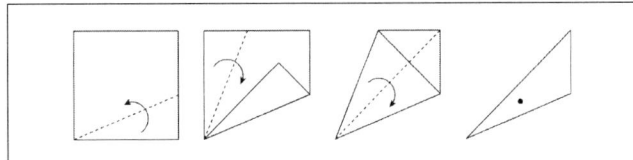

①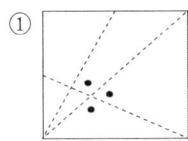

②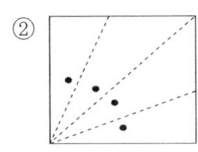

③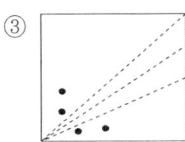

④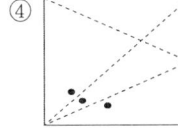

62. 다음 도형을 펼쳤을 때 나타날 수 있는 전개도를 고르시오.

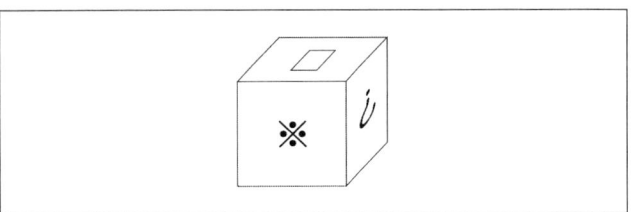

①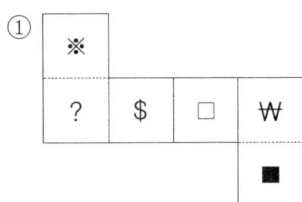

②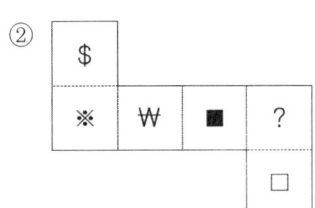

③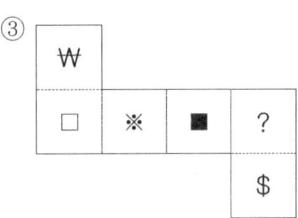

④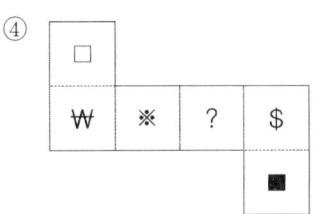

63. 다음 전개도를 접었을 때 나타나는 정육면체의 모양이 아닌 것을 고르시오.

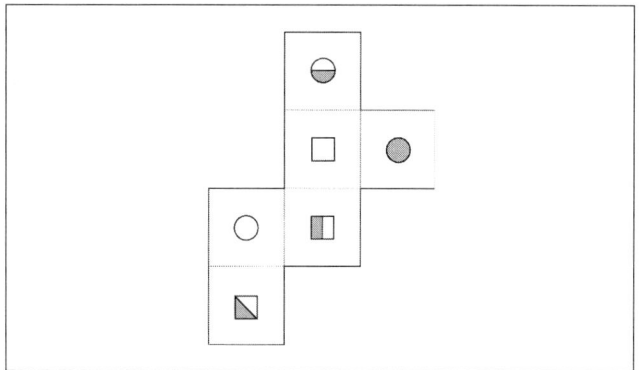

①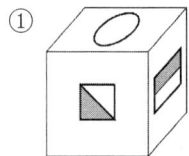

②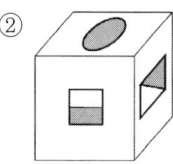

③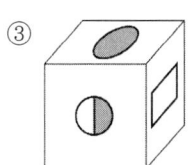

④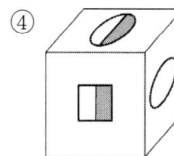

64. 다음 제시된 그림과 같이 쌓기 위해 필요한 블록의 수를 구하시오.

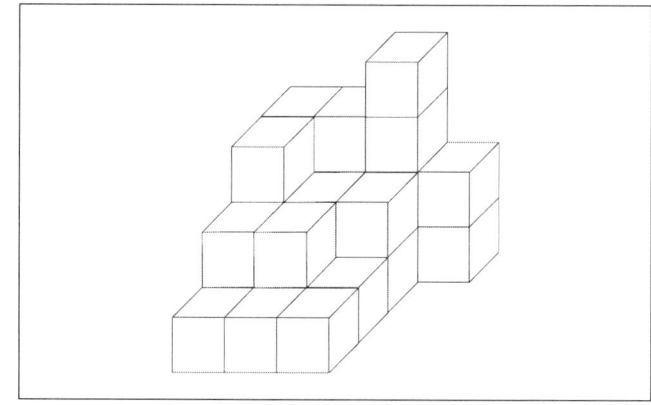

① 27개　　　　② 28개

③ 29개　　　　④ 30개

65. 아래의 기호/문자 무리 중 'D'는 몇 번 제시되었나?

A	C	Z	B	A	C
X	B	E	A	C	X
C	Y	C	X	Y	B
E	A	D	W	Z	Z
Y	Z	B	Z	E	C
X	E	Y	C	A	V

① 0번　　　　② 1번

③ 2번　　　　④ 3번

66.

∴	∷	⦂	∴	≗	∷
∴	⋮	∵	∴	∴	≕
÷	≗	⊨	⦂	∴	≣
∷	∴	≗	÷	÷	∴
≕	∴	≣	∵	≣	÷
≈	÷	…	∷	≗	⊶

① ⊶   ② ≕

③ ÷   ④ ∴

67.

ㄊ	ㄋ	ㄞ	ㄝ	ㄙ	ㄎ
ㄈ	ㄅ	ㄈ	ㄕ	ㄡ	ㄗ
ㄌ	ㄣ	ㄑ	ㄟ	ㄏ	ㄚ
ㄘ	ㄜ	ㄔ	ㄓ	ㄢ	ㄍ
ㄊ	ㄇ	ㄆ	ㄉ	ㄤ	ㄛ

① ㄞ   ② ㄌ

③ ㄛ   ④ ㄩ

68. 다음 제시된 도형을 분리하였을 때 나올 수 없는 조각은?

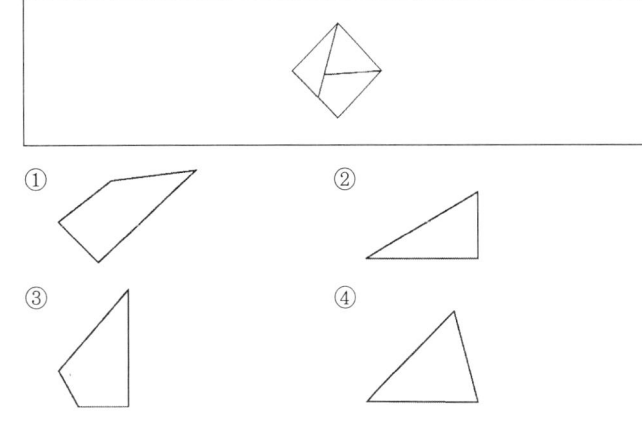

①   ②

③   ④

69. 다음 도형의 규칙 변화를 찾아 빈 칸에 알맞은 모양을 바르게 고른 것은?

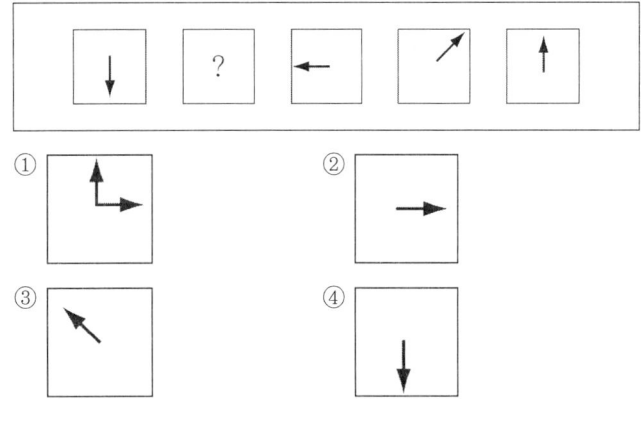

70. 다음 제시된 모양들이 일정한 규칙을 갖는다고 할 때 '?'에 들어갈 알맞은 모양을 고른 것은?

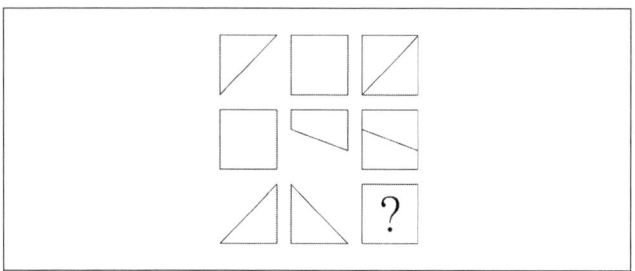

①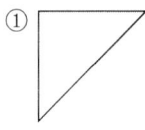

②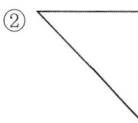

③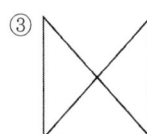

④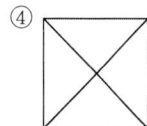

KAC공항서비스 필기시험 적성검사

성 명	

수 험 번 호

⓪	⓪	⓪	⓪	⓪	⓪	⓪	⓪
①	①	①	①	①	①	①	①
②	②	②	②	②	②	②	②
③	③	③	③	③	③	③	③
④	④	④	④	④	④	④	④
⑤	⑤	⑤	⑤	⑤	⑤	⑤	⑤
⑥	⑥	⑥	⑥	⑥	⑥	⑥	⑥
⑦	⑦	⑦	⑦	⑦	⑦	⑦	⑦
⑧	⑧	⑧	⑧	⑧	⑧	⑧	⑧
⑨	⑨	⑨	⑨	⑨	⑨	⑨	⑨

답안 마킹란

문번	①	②	③	④		문번	①	②	③	④		문번	①	②	③	④		문번	①	②	③	④
1	①	②	③	④		21	①	②	③	④		41	①	②	③	④		61	①	②	③	④
2	①	②	③	④		22	①	②	③	④		42	①	②	③	④		62	①	②	③	④
3	①	②	③	④		23	①	②	③	④		43	①	②	③	④		63	①	②	③	④
4	①	②	③	④		24	①	②	③	④		44	①	②	③	④		64	①	②	③	④
5	①	②	③	④		25	①	②	③	④		45	①	②	③	④		65	①	②	③	④
6	①	②	③	④		26	①	②	③	④		46	①	②	③	④		66	①	②	③	④
7	①	②	③	④		27	①	②	③	④		47	①	②	③	④		67	①	②	③	④
8	①	②	③	④		28	①	②	③	④		48	①	②	③	④		68	①	②	③	④
9	①	②	③	④		29	①	②	③	④		49	①	②	③	④		69	①	②	③	④
10	①	②	③	④		30	①	②	③	④		50	①	②	③	④		70	①	②	③	④
11	①	②	③	④		31	①	②	③	④		51	①	②	③	④						
12	①	②	③	④		32	①	②	③	④		52	①	②	③	④						
13	①	②	③	④		33	①	②	③	④		53	①	②	③	④						
14	①	②	③	④		34	①	②	③	④		54	①	②	③	④						
15	①	②	③	④		35	①	②	③	④		55	①	②	③	④						
16	①	②	③	④		36	①	②	③	④		56	①	②	③	④						
17	①	②	③	④		37	①	②	③	④		57	①	②	③	④						
18	①	②	③	④		38	①	②	③	④		58	①	②	③	④						
19	①	②	③	④		39	①	②	③	④		59	①	②	③	④						
20	①	②	③	④		40	①	②	③	④		60	①	②	③	④						

KAC 공항서비스

제3회 모의고사

성명		생년월일	
문제 수(배점)	70문항	풀이시간	/ 60분
영역	직업기초능력평가		
비고	객관식 4지선다형		

1. 다음 제시된 단어와 의미가 유사한 단어를 고르시오.

영유

① 유지   ② 제재

③ 차지   ④ 개진

2. 다음 중 제시된 단어가 나타내는 뜻을 모두 포괄할 수 있는 단어는?

차리다 / 취하다 / 따르다

① 가다   ② 명령하다

③ 외면하다   ④ 갖추다

3. 어문 규정에 어긋난 것으로만 묶인 것은?

① 기여하고저, 뻐드렁니, 돌('첫 생일')

② 퍼붇다, 쳐부수다, 수퇘지

③ 안성마춤, 삵괭이, 더우기

④ 고샅, 일찍이, 굶주리다

4. 다음 중 띄어쓰기가 바르지 않은 문장은?

① 나에게는 당신뿐이기에 그저 보고플 뿐입니다.

② 바람 부는대로 정처 없이 걸으면서 생각을 정리했다.

③ 친구가 도착한 지 두 시간 만에 떠났다.

④ 나를 알아주는 사람은 형밖에 없었다.

5. 다음 밑줄 친 단어와 같은 의미로 쓰인 것은?

아무래도 누군가 그를 밀고 있다.

① 어머니가 머뭇거리면서 파출소 문을 밀고 들어왔다.

② 누군가 자네를 강력하게 <u>밀고</u> 있는 이가 당 중앙에 있다는 얘길세.

③ 구겨진 바지를 다리미로 한 번 <u>밀어라</u>.

④ 만두피를 <u>밀다</u>.

6. 다음 중 빈칸에 공통으로 들어갈 말로 적절한 것은?

• 음식이 입맛에 (   ).
• 물기를 (   ).
• 털실로 스웨터를 (   ).
• 월급이 (   ).

① 짜다   ② 만들다

③ 인색하다   ④ 오르다

7. 다음 중 항상 옳은 것은?

- 철수, 재연, 승리, 승혁 4명이 같은 지하철에서 서로 다른 칸을 탄다.
- 지하철은 총 4개 칸이고, 중앙에 두 칸은 약 냉방 칸이다.
- 승리는 승혁이보다 앞 칸에 탔다.
- 철수는 약냉방 칸에 탔고, 재연보다 뒤 칸에 탔다.
- 가장 앞 칸에 탄 사람은 승리가 아니다.

① 약 냉방 칸에 탈 수 있는 사람은 재연이다.
② 철수가 두 번째로 앞 칸에 탔다면, 승혁이가 가장 뒤 칸에 탄다.
③ 승리는 두 번째 칸에 탄다.
④ 승혁이는 약 냉방 칸에 탈 수 있다.

8. 제시된 보기가 모두 참일 때, 다음 중 옳은 것은?

- 철수의 아버지는 운전을 한다.
- 운전하는 모든 사람이 난폭하지는 않다.
- 난폭한 사람은 참을성이 없다.
- 영수의 아버지는 난폭하다.

① 철수의 아버지는 난폭하지 않다.
② 운전하는 사람은 모두 난폭하다.
③ 영수의 아버지는 참을성이 없다.
④ 영수의 아버지는 난폭하지 않다.

9. 홍보팀에서는 신입사원 6명(A, B, C, D, E, F)을 선배 직원 3명(갑, 을, 병)이 각각 2명씩 맡아 문서작성 및 결재 요령에 대하여 1주일 간 교육을 실시하고 있다. 다음 조건을 만족할 때, 신입사원과 교육을 담당한 선배 직원의 연결에 대한 설명이 올바른 것은?

- B와 F는 같은 조이다.
- 갑은 A에게 문서작성 요령을 가르쳐 주었다.
- 을은 C와 F에게 문서작성 및 결재 요령에 대하여 가르쳐 주지 않았다.

① 병은 A를 교육한다.
② D는 을에게 교육을 받지 않는다.
③ C는 갑에게 교육을 받는다.
④ 을은 C를 교육한다.

10. 다음 상황에서 진실을 얘기하고 있는 사람이 한 명 뿐일 때 총을 쏜 범인과 진실을 이야기 한 사람으로 바르게 짝지어진 것은?

어느 아파트 옥상에서 한 남자가 총에 맞아 죽은 채 발견됐다. 그의 죽음을 조사하기 위해 형사는 죽은 남자와 관련이 있는 용의자 A, B, C, D 네 남자를 연행하여 심문하였는데 이들은 다음과 같이 진술하였다.
A : B가 총을 쐈습니다. 내가 봤어요.
B : C와 D는 거짓말쟁이입니다. 그들의 말은 믿을 수 없어요!
C : A가 한 짓이 틀림없어요. A와 그 남자는 사이가 아주 안 좋았단 말입니다.
D : 내가 한 짓이 아니에요. 나는 그를 죽일 이유가 없습니다.

① 범인 : A, 진실 : C
② 범인 : B, 진실 : A
③ 범인 : C, 진실 : D
④ 범인 : D, 진실 : B

11. '갑, 을, 병, 정, 무, 기, 경, 신' 8명을 4명씩 두 조로 만들 때 다음 조건을 만족하는 가능한 조 편성은?

- '병'과 '기'는 각 조의 조장을 맡는다.
- '을'은 '정' 또는 '기'와 같은 조가 되어야 한다.

① 갑, 을, 병, 기

② 갑, 정, 기, 신

③ 을, 정, 기, 신

④ 을, 병, 무, 경

12. 갑, 을, 병, 정, 무 다섯 사람은 일요일부터 목요일까지 5일 동안 각각 이틀 이상 아르바이트를 한다. 다음 조건을 모두 충족시켜야 할 때, 다음 중 항상 옳지 않은 것은?

- ㉠ 가장 적은 수가 아르바이트를 하는 요일은 수요일뿐이다.
- ㉡ 갑은 3일 이상 아르바이트를 하는데 병이 아르바이트를 하는 날에는 쉰다.
- ㉢ 을과 정 두 사람만이 아르바이트 일수가 같다.
- ㉣ 병은 평일에만 아르바이트를 하며, 연속으로 이틀 동안만 한다.
- ㉤ 무는 항상 갑이나 병과 같은 요일에 함께 아르바이트를 한다.

① 어느 요일이든 아르바이트 인원수는 확정된다.

② 갑과 을, 병과 정의 아르바이트 일수를 합한 값은 같다.

③ 두 사람만이 아르바이트를 하는 요일이 확정된다.

④ 어떤 요일이든 아르바이트를 하는 인원수는 짝수이다.

13. 다음은 그림은 복도를 사이에 두고 1001~1003호, 1004~1007호의 7개 방이 엘리베이터의 양쪽에 늘어서 있는 것을 나타낸 것이다. A~G 7명이 다음과 같이 각 호에 1명씩 투숙하고 있다고 할 때 1006호에 묵고 있는 사람은 누구인가?

1001	1002	1003	–	
1004	1005	1006	1007	엘리베이터

- B의 방 맞은편에는 D의 방이 있다.
- C의 방 양 옆으로 A, G가 묵고 있다.
- F의 양 옆에는 D, E가 묵고 있다.
- G는 엘리베이터와 가장 가깝다.

① B   ② C

③ D   ④ E

14. A, B, C, D, E, F가 달리기 경주를 하여 보기와 같은 결과를 얻었다. 1등부터 6등까지 순서대로 나열한 것은?

- ㉠ A는 D보다 먼저 결승점에 도착하였다.
- ㉡ E는 B보다 더 늦게 도착하였다.
- ㉢ D는 C보다 먼저 결승점에 도착하였다.
- ㉣ B는 A보다 더 늦게 도착하였다.
- ㉤ E가 F보다 더 앞서 도착하였다.
- ㉥ C보다 먼저 결승점에 들어온 사람은 두 명이다.

① A – D – C – B – E – F

② A – D – C – E – B – F

③ F – E – B – C – D – A

④ B – F – C – E – D – A

3

▮15~16▮ 다음 제시된 숫자의 배열을 보고 규칙을 적용하여 빈칸에 들어갈 알맞은 수를 고르시오.

15.

111	128	145	162	179	( )

① 185   ② 191

③ 196   ④ 197

16.

549	567	585	603	612	621	( )

① 636   ② 634

③ 632   ④ 630

17. 한 건물에 A, B, C 세 사람이 살고 있다. A는 B보다 12살이 많고, C의 나이의 2배보다 4살이 적다. 또한 B와 C는 동갑이라고 할 때 A의 나이는 얼마인가?

① 16살   ② 20살

③ 24살   ④ 28살

18. 창호는 연이자율 5%와 15%짜리 저축상품에 총 300만 원을 저축하였다. 1년 후 만기에 원금 300만 원에 대한 이자로 총 24만 원을 받는다면, 연이자율 15%짜리 상품에 저축한 금액은 얼마인가?

① 90만 원   ② 150만 원

③ 170만 원   ④ 210만 원

19. 짜장면이 4,000원, 짬뽕이 4,000원, 볶음밥이 6,000원, 탕수육이 10,000원인 중국집이 있다. 여기에서 서로 다른 음식 두 가지를 시킬 경우, 음식가격의 평균값은 얼마인가?

① 8,000원   ② 10,000원

③ 12,000원   ④ 14,000원

20. 다음은 어느 학교 학생들의 중간평가점수 중 영역별 상위 5명의 점수이다. 이에 대한 설명 중 옳은 것은?

순위	국어		영어		수학	
	이름	점수	이름	점수	이름	점수
1	A	94	B	91	D	97
2	C	93	A	90	G	95
3	E	90	C	88	F	90
4	D	88	F	82	B	88
5	F	85	D	76	A	84

※ 1) 각 영역별 동점자는 없었음
    2) 총점이 250점 이하인 학생은 보충수업을 받는다.
    3) 전체 순위는 세 영역 점수를 더해서 정한다.

① B의 총점은 263점을 초과하지 못한다.

② E는 보충수업을 받지 않아도 된다.

③ D의 전체 순위는 2위이다.

④ G는 보충수업을 받아야 한다.

21. 다음은 '갑' 지역의 연도별 65세 기준 인구의 분포를 나타낸 자료이다. 이에 대한 올바른 해석은 어느 것인가?

구분	인구 수(명)		
	계	65세 미만	65세 이상
2018	66,557	51,919	14,638
2019	68,270	53,281	14,989
2020	150,437	135,130	15,307
2021	243,023	227,639	15,384
2022	325,244	310,175	15,069
2023	465,354	450,293	15,061
2024	573,176	557,906	15,270
2025	659,619	644,247	15,372

① 65세 미만 인구수는 조금씩 감소하였다.

② 2025년 인구수가 2018년에 비해 약 10배로 증가한 데에는 65세 미만 인구수의 영향이 크다.

③ 65세 이상 인구수는 매년 지속적으로 증가하였다.

④ 전년 대비 65세 이상 인구수가 가장 많이 변화한 3개 연도는 2019년, 2020년, 2024년이다.

▌22~24▐ 다음은 L전자 판매량과 실제 매출액의 관계를 나타낸 것이다. 이 자료를 보고 물음에 답하시오.

제품명	판매량(만 대)	실제 매출액(억 원)
냉장고	110	420
에어컨	100	308
김치냉장고	100	590
청소기	80	463
세탁기	80	435
살균건조기	80	422
공기청정기	75	385
전자레인지	60	356

22. 냉장고와 전자레인지는 판매량에서 몇 배나 차이가 나는가? (단, 소수점 둘째 자리까지만 구하시오)

① 1.62

② 1.83

③ 2.62

④ 3.14

23. 예상 매출액은 '판매량×2+100'이라고 할 때, 예상 매출액과 실제 매출액의 차이가 가장 작은 제품과 가장 큰 제품이 바르게 짝지어진 것은?

	차이가 가장 작은 제품	차이가 가장 큰 제품
①	에어컨	김치냉장고
②	전자레인지	청소기
③	냉장고	김치냉장고
④	에어컨	청소기

24. 표에 제시된 제품들로 구성된 전체 매출액에서 김치냉장고가 차지하는 비율은? (단, 소수점 첫째 자리까지 구하시오)

① 17.4% ② 18.6%

③ 19.2% ④ 21.3%

▌25~26▐ 다음에 제시된 9개의 단어 중 관련된 3개의 단어를 통해 유추할 수 있는 것을 고르시오.

25.

흰머리수리, 사다리, 종이, 봄, 도널드, 거울, 바람, 가위, 50

① 나무 ② 미국

③ 소방관 ④ 계절

26.

연극, 오페라의 유령, 브로드웨이, 충무로, 아리아, 놀이공원, 가면, 별, 심리학

① 할리우드   ② 중세유럽

③ 발레   ④ 뮤지컬

27. 다음에서 제시된 뜻이 설명하고 있는 단어를 고르면?

일정한 조건이나 환경 따위에 맞추어 응하거나 알맞게 됨

① 적용   ② 적지

③ 적이   ④ 적응

28. 다음 제시된 단어의 뜻을 고르면?

무녀리

① 학술과 품행이 뛰어나서 모범이 될 만한 인물

② 무녀(巫女)를 이르는 말

③ 야만스러운 사람

④ 언행이 좀 모자라서 못난 사람을 비유하는 말

29. 다음 글의 내용과 일치하는 것은?

한글 맞춤법의 원리는 '한글 맞춤법은 표준어를 소리대로 적되, 어법에 맞도록 함을 원칙으로 한다.'라는 「한글 맞춤법」 총칙 제1항에 나타나 있다. 이 조항은 한글 맞춤법을 적용하여 표기하는 대상이 표준어임을 분명히 하고 있다. 따라서 표준어가 정해지면 맞춤법은 이를 어떻게 적을지 결정하는 구실을 한다.

그런데 표준어를 글자로 적는 방식에는 두 가지가 있을 수 있다. 하나는 '소리 나는 대로' 적는 방식이요, 또 하나는 소리 나는 것과는 다소 멀어지더라도 눈으로 보아 '의미가 잘 드러나도록' 적는 방식이다. 이 두 방식이 상충되는 면이 있는 듯하나 한글 맞춤법은 이 두 가지 방식을 적절히 조화시키고 있다. 즉 '소리대로 적되, 어법에 맞도록'이라는 제1항의 구절은 바로 이 두 방식의 절충을 의미하는 것이다. 다시 말해 제1항은 '표준어를 소리 나는 대로 적는다는 원칙과, 어법에 맞게 적는다는 원칙에 어긋나지 않아야 한다.'는 내용을 담고 있는 것이다.

그렇다면 어법에 맞게 적는다는 것은 무슨 뜻인가? 뜻을 파악하기 쉽도록 적는다는 것이다. 그런데 어떻게 적는 것이 뜻을 파악하기 쉽도록 적는 것인가? 그것은 문장에서 뜻을 담당하는 실사(實辭)를 밝혀 적는 방식일 것이다. 예컨대 '꼬치, 꼬츨, 꼳또'처럼 적기보다 실사인 '꽃'을 밝혀 '꽃이, 꽃을, 꽃도'처럼 적는 것이다. '꼬치'와 같이 적는 방식은 소리 나는 대로 적어서 글자로 적기에는 편할 수 있다. 그러나 뜻을 담당하는 실사가 드러나지 않아 눈으로 뜻을 파악하기에는 큰 불편이 따른다. 체언과 용언 어간은 대표적인 실사이다. 실사를 밝혀 뜻을 파악하기 쉽도록 적는다는 것은 체언과 조사를 구별해서 적고 용언의 어간과 어미를 구별해서 적는다는 것이다. 바로 이러한 내용을 포괄하는 내용을 담고 있는 것이 '어법에 맞게' 적는다는 것이다.

정리하면, 제1항의 '소리대로 적되, 어법에 맞도록'이란 구절을 바르게 적용하는 방법은 다음과 같다. 첫째, 어느 쪽으로 적는 것이 어법에 맞는지(즉 뜻을 파악하기 쉬운지) 살펴 그에 따라 적고 둘째, 어느 쪽으로 적든지 어법에 맞는 정도에(뜻을 파악하는 데에) 별 차이가 없을 때에는 소리대로 적는다. 예컨대 '붙이다(우표를 ~)'와 '부치다(힘이 ~)'에서 전자는 동사 어간 '붙-'과 의미상의 연관성이 뚜렷하여 '붙이-'처럼 적어 줄 때 그 뜻을 파악하기 쉬운 이점이 있으므로 소리와 달리 '붙이다'로 적고, 후자는 전자와 달리, 굳이 소리와 다르게 적을 필요가 없으므로 '소리대로'의 원칙에 따라 '부치다'로 적는 것이다.

① 한글 맞춤법은 표준어를 정하는 원칙을 규정한 것이다.
② 어법을 고려해 적으면 뜻을 파악하는 데에 어려움이 따른다.
③ 실사를 밝혀 적는다는 것은 소리 나는 대로 적는다는 의미이다.
④ 표준어를 글자로 적을 때에는 소리와 어법 두 가지를 고려한다.

30. 다음 (   )에 들어갈 말로 적절한 것은?

> 대범하다 : 옹졸하다 = 척박하다 : (   )

① 비옥하다
② 메마르다
③ 거칠다
④ 천하다

31. 다음 중 단어의 관계가 다른 하나는?

① 병원 − 간호사 − 주사
② 수영장 − 학생 − 물안경
③ 경찰서 − 경찰 − 체포
④ 무대 − 가수 − 노래

32. 다음 글의 중심 내용으로 가장 적절한 것은?

> 행랑채가 퇴락하여 지탱할 수 없게끔 된 것이 세 칸이었다. 나는 마지못하여 이를 모두 수리하였다. 그런데 그중의 두 칸은 앞서 장마에 비가 샌 지가 오래되었으나, 나는 그것을 알면서도 이럴까 저럴까 망설이다가 손을 대지 못했던 것이고, 나머지 한 칸은 비를 한 번 맞고 샜던 것이라 서둘러 기와를 갈았던 것이다. 이번에 수리하려고 본즉 비가 샌 지 오래된 것은 그 서까래, 추녀, 기둥, 들보가 모두 썩어서 못 쓰게 되었던 까닭으로 수리비가 엄청나게 들었고, 한 번밖에 비를 맞지 않았던 한 칸의 재목들은 완전하여 다시 쓸 수 있었던 까닭으로 그 비용이 많이 들지 않았다.
> 나는 이에 느낀 것이 있었다. 사람의 몸에 있어서도 마찬가지라는 사실을. 잘못을 알고서도 바로 고치지 않으면 곧 그 자신이 나쁘게 되는 것이 마치 나무가 썩어서 못 쓰게 되는 것과 같으며, 잘못을 알고 고치기를 꺼리지 않으면 해(害)를 받지 않고 다시 착한 사람이 될 수 있으니, 저 집의 재목처럼 말끔하게 다시 쓸 수 있는 것이다. 뿐만 아니라 나라의 정치도 이와 같다. 백성을 좀먹는 무리들을 내버려두었다가는 백성들이 도탄에 빠지고 나라가 위태롭게 된다. 그런 연후에 급히 바로잡으려 하면 이미 썩어 버린 재목처럼 때는 늦은 것이다. 어찌 삼가지 않겠는가.

① 모든 일에 기초를 튼튼히 해야 한다.
② 청렴한 인재 선발을 통해 정치를 개혁해야 한다.
③ 잘못을 알게 되면 바로 고쳐 나가는 자세가 중요하다.
④ 훌륭한 위정자가 되기 위해서는 매사 삼가는 태도를 지녀야 한다.

33. 다음 글의 내용에 어울리는 고사 성어로 가장 적절한 것은?

최근 여러 기업들이 상위 5% 고객에게만 고급 서비스를 제공하는 마케팅을 벌여 소비자뿐만 아니라 전문가들에게서도 우려의 소리를 듣고 있다. 실제로 모 기업은 지난해 초 'VIP 회원'보다 상위 고객을 노린 'VVIP 회원'을 만들면서 △매년 동남아·중국 7개 지역 왕복 무료 항공권 △9개 호텔 무료 숙박 △해외 유명 골프장 그린피 무료 등을 서비스로 내세웠다. 하지만 최근에 이 기업과 제휴를 맺고 있는 회사들이 비용 분담에 압박을 느끼면서 서비스 중단을 차례로 통보했다. 또 자사 분담으로 제공하고 있던 호텔 숙박권 역시 비용 축소를 위해 3월부터 서비스를 없앨 것으로 알려졌다.

한 업계 관계자는 "기존 회원 시장이 포화 상태가 되면서 업계가 저마다 지난해 VIP 마케팅을 내세웠지만 높은 연회비로 인해 판매 실적은 저조한 반면 무료 공연을 위한 티켓 구매, 항공권 구입 등에 소요되는 사업비 부담은 너무 크다 보니 오히려 어려움을 겪고 있는 실정"이라고 말했다.

① 견강부회(牽強附會)
② 비육지탄(髀肉之嘆)
③ 자승자박(自繩自縛)
④ 화이부동(和而不同)

34. 다음 글의 내용과 일치하지 않는 것은?

강릉단오제는 강원도 강릉 지방에서 전승되고 있는 향토신제로 현재 우리나라 중요무형문화재 제13호로 지정되어 있다. 강릉단오제는 대관령서낭을 제사하며 산로 안전과 풍작·풍어, 집안의 태평 등을 기원하는 제의이자 축제로 단오굿 또는 단양제라고도 불리며 단오날 행사로 가장 대표적인 행사이다. 이것은 음력 3월 20일 제사에 사용될 신주를 빚는 것에서부터 시작하여 5월 6일 서낭신을 대관령국사서낭당에 봉송하는 소제를 하는 것으로 막을 내린다. 약 50여일에 해당하는 이 기간 중 본격적인 제의와 놀이는 5월 1일부터 시작되는데 이때에는 단오굿과 관노가면극을 중심으로 한 각종 기념행사와 ⊙민속놀이가 강릉 남대천에 위치한 단오장에서 열려 강릉시가 많은 혼잡을 이룬다. 강릉단오제가 언제부터 시작하였는지 정확하게 알 수는 없지만 조선초기 문인 남효온의 문집 「추강냉화」, 허균의 「성소부부고」, 강릉의 옛 향토인인 「임영지」, 이를 취사해서 간행한 「강릉지」 그 외 현지 주민들의 이야기를 종합하여 볼 때 적어도 9세기 이전에 기원하였을 것으로 추측된다. 그리고 이러한 오랜 전통을 가진 강릉단오제는 그 유래와 관련된 많은 설화나 전설 등도 갖고 있는데 대관령국사서낭설화, 대관령국사여서낭설화, 김유신이 대관령산신에게 검술을 배우고 죽어서 대관령산신이 되었다는 이야기 등이 그것이다. 현재 강릉단오제와 이에 수반된 모든 대회운영은 강릉단오제위원회가 구성되어 맡고 있는데 그 중 초헌관은 강릉시장이 아헌관은 강릉시의회의장이 종헌관은 경찰서장이 관례적으로 담당하고 있다. 강릉단오제는 제관에 의해 이루어지는 유교식 의례와 더불어 무격에 의해 거행되는 굿이 복합되어 있다.

① 강릉단오제는 그 유래와 관련하여 많은 전설이나 설화가 전해지고 있는데 김유신이 죽어서 대관령 산신이 된 이야기도 그 중 하나이다.
② 강릉은 단오제 기간 동안 남대천에 위치한 단오장에서 단오굿과 관노가면극을 중심으로 각종 행사와 놀이를 하는 까닭에 많은 혼잡을 이룬다.
③ 강릉단오제는 각종 문헌과 현지 사람들의 이야기를 통해 827년 대관령 산신이 된 김유신에게 제사를 지낸 것이 그 기원임을 알 수 있다.
④ 강릉단오제는 제관들이 제사를 지내는 유교식 의례와 함께 무격에 의해 거행되는 굿이 복합적으로 이루어져 있다.

35. 다음 글의 중심 생각으로 가장 적절한 것은?

진(秦)나라 재상인 상앙(商鞅)에게는 유명한 일화가 있지요. 진나라 재상으로 부임한 상앙은 나라의 기강이 서지 않았음을 걱정했습니다. 그는 대궐 남문 앞에 나무를 세우고 방문(榜文)을 붙였지요. "이 나무를 옮기는 사람에게는 백금(白金)을 하사한다." 옮기는 사람이 아무도 없었습니다. 그래서 다시 상금을 만금(萬金)으로 인상했습니다. 어떤 사람이 상금을 기대하지도 않고 밑질 것도 없으니까 장난삼아 옮겼습니다. 그랬더니 방문에 적힌 대로 만금을 하사하였습니다. 그랬더니 백성들이 나라의 정책을 잘 따르게 되고 진나라가 부국강병에 성공하는 것으로 되어 있습니다.

① 신뢰의 중요성
② 부국강병의 가치
③ 우민화 정책의 폐해
④ 명분을 내세운 정치의 효과

36. 다음 글의 중심 내용은?

헤르만 헤세는 어느 책이 유명하다거나 그것을 모르면 수치스럽다는 이유만으로 그 책을 무리하게 읽으려는 것은 참으로 그릇된 일이라 했다. 그는 이어서, "그렇게 하기보다는 모든 사람은 자기에게 자연스러운 면에서 읽고, 알고, 사랑해야 할 것이다. 어느 사람은 학생 시절의 초기에 벌써 아름다운 시구의 사랑을 자기 안에서 발견할 수 있으며, 혹은 어느 사람은 역사나 자기 고향의 전설에 마음이 끌리게 되고 또는 민요에 대한 기쁨이나 우리의 감정이 정밀하게 연구되고 뛰어난 지성으로써 해석된 것에 독서의 매력 있는 행복감을 가질 수 있을 것이다."라고 말한 바 있다.

① 문학 작품을 많이 읽으면 정서 함양에 도움이 된다.
② 학생 시절에 고전과 명작을 많이 읽어 교양을 쌓아야 한다.
③ 남들이 읽어야 한다고 말하는 책보다 자신이 읽고 싶은 책을 읽는 것이 좋다.
④ 자신이 속한 사회의 역사나 전설에 관한 책을 읽으면 애향심을 기를 수 있다.

37. 다음 글의 주된 논지는?

당신이 미국 중앙정보국의 직원인데, 어느 날 테러 용의자를 체포했다고 가정하자. 이 사람은 뉴욕 맨해튼 중심가에 대규모 시한폭탄을 설치한 혐의를 받고 있다. 시한폭탄이 터질 시각은 다가오는데 용의자는 입을 열지 않고 있다. 당신을 고문을 해서라도 폭탄이 설치된 곳을 알아내겠는가, 아니면 고문은 원칙적으로 옳지 않으므로 고문을 하지 않겠는가? 공리주의자들은 고문을 해서라도 폭탄이 설치된 곳을 알아내어, 무고한 다수 시민의 생명을 구해야 한다고 주장할 것이다. 공리주의는 최대 다수의 최대 행복을 추구하기 때문이다. 이 경우에는 이 주장이 일리가 있을 수 있다. 그러나 공리주의가 모든 경우에 항상 올바른 해갑을 줄 수 있는 것은 아니다. 구명보트를 타고 바다를 표류하던 4명의 선원이 그들 중 한 사람을 죽여서 그 사람의 고기를 먹으면 나머지 세 사람이 살 수 있다. 실제로 이런 일이 일어났고, 살아남은 세 사람은 재판을 받았다. 당신은 이 경우에도 다수의 생명을 구하기 위해 한 사람의 목숨을 희생한 행위가 정당했다고 주장하겠는가? 뉴욕의 시한폭탄 문제도 그리 간단치만은 않다. 폭탄이 설치된 곳이 한적한 곳이라 희생자가 몇 명 안 될 것으로 예상되는 경우에도 당신은 고문을 찬성하겠는가? 체포된 사람이 테러리스트 자신이 아니라 그의 어린 딸이라도, 그 딸이 폭탄의 위치를 알고 있다면 당신은 고문에 찬성하겠는가?

① 다수의 행복을 위해서 소수의 희생이 필요할 때가 있다.
② 인간의 생명은 어떤 경우에도 존중되어야 한다.
③ 고문이 정당화되는 경우도 있을 수 있다.
④ 공리주의가 절대선일 수 없는 것은 소수의 이익이라 하더라도 무시할 수 없는 것도 있기 때문이다.

38. 다음 글이 주장하고 있는 것은?

제아무리 대원군이 살아 돌아온다 하더라도 더 이상 타 문명의 유입을 막을 길은 없다. 어떤 문명들은 서로 만났을 때 충돌을 면치 못할 것이고, 어떤 것들은 비교적 평화롭게 공존하게 될 것이다. 결코 일반화할 수 있는 문제는 아니겠지만 스스로 아끼지 못한 문명은 외래 문명에 텃밭을 빼앗기고 말 것이라는 예측을 해도 큰 무리는 없을 듯싶다. 내가 당당해야 남을 수용할 수 있다.

영어만 잘하면 성공한다는 믿음에 온 나라가 야단법석이다. 배워서 나쁠 것 없고, 영어는 국제 경쟁력을 키우는 차원에서 반드시 배워야 한다. 하지만 영어보다 더 중요한 것은 우리의 말과 글이다. 한술 더 떠 영어를 공용어로 하자는 주장이 심심찮게 들리고 있다. 그러나 우리의 말과 글을 제대로 세우지 않고 영어를 들여오는 일은 우리 개구리들을 돌보지 않은 채 황소개구리를 들여온 우를 범하는 것과 같다.

영어를 자유롭게 구사하는 일은 새 시대를 살아가는 중요한 조건이다. 하지만 우리의 말과 글을 바로 세우는 일에도 소홀해서는 절대 안 된다. 황소개구리의 황소울음 같은 소리에 익숙해져 청개구리의 소리를 잊어서는 안 되는 것처럼.

① 세계화를 위해서는 세계 여러 나라의 언어를 골고루 받아들여 균형 있게 발전시켜야 한다.
② 우리가 설령 언어를 잃게 되더라도 우리 고유의 문화는 잃지 않도록 최선을 다하는 것이 필요하다.
③ 우리 문화에 대한 자신감이 부족할 경우에는 타문명의 유입을 최대한 막을 수 있도록 노력해야 한다.
④ 국제 경쟁력 강화를 위하여 영어 구사 능력도 필요하지만, 우리의 말과 글을 바로 세우는 일이 더 중요하다.

39. 다음 글에 대한 이해로 적절하지 않은 것은?

한국 건축은 '사이'의 개념을 중요시한다. 그리고 '사이'의 크기는 기능과 사회적 위계에 영향을 받는다. 또한 공간, 시간, 인간 모두를 '사이'의 한 종류로 보기도 한다. 서양의 과학적 사고가 물체를 부분들로 구성되었다고 보고 불변하는 요소들을 분석함으로써 본질 파악을 추구하였다면, 동양은 사이 즉, 요소들 간의 관련성에 초점을 두고, 거기에서 가치와 의미의 원천을 찾았던 것이다. 서양의 건축이 내적 구성, 폐쇄적 조직을 강조한 객체의 형태를 추구했다면, 동양의 건축은 그보다 객체의 형태와 그것이 놓이는 상황 및 자연환경과의 어울림을 통해 미를 추구하였던 것이다.

동양의 목재 가구법(낱낱의 재료를 조립하여 구조물을 만드는 법)에 의한 건축 구성 양식에서 '사이'의 중요성을 알 수 있다. 이 양식은 조적식(돌·벽돌 따위를 쌓아 올리는 건축 방식)보다 환경에 개방적이고, 우기에도 환기를 좋게 할 뿐 아니라 내·외부 공간의 차단을 거부하고 자연과의 대화를 늘 강조한다. 그로 인해 건축이 무대나 액자를 설정하고 자연이 끝을 내 주는 기분을 느끼게 한다.

① 동양과 서양 건축의 차이를 요소들 간의 관련성으로 설명하고 있다.
② 동양의 건축 재료로 석재보다 목재가 많이 쓰인 이유를 알 수 있다.
③ 한국 건축에서 '사이'의 개념은 공간, 시간, 인간 모두를 포함하고 있다.
④ 동양의 건축은 자연환경에 개방적이지만 인공조형물에 대해서는 폐쇄적이다.

40. 다음 글의 중심 내용으로 가장 적절한 것은?

한 번에 두 가지 이상의 일을 할 때 당신은 마음에게 흐트러지라고 지시하는 것입니다. 그것은 모든 분야에서 좋은 성과를 내는 데 필수적인 요소가 되는 집중과는 정반대입니다. 당신은 자신의 마음이 분열되는 상황에 처하도록 하는 경우도 많습니다. 마음이 흔들리도록, 과거나 미래에 사로잡히도록, 문제들을 안고 낑낑거리도록, 강박이나 충동에 따라 행동하는 때가 그런 경우입니다. 예를 들어, 읽으면서 동시에 먹을 때 마음의 일부는 읽는 데 가 있고, 일부는 먹는 데 가 있습니다. 이런 때는 어느 활동에서도 최상의 것을 얻지 못합니다. 다음과 같은 부처의 가르침을 명심하세요. '걷고 있을 때는 걸어라. 앉아 있을 때는 앉아 있어라. 갈팡질팡하지 마라.' 당신이 하는 모든 일은 당신의 온전한 주의를 받을 가치가 있는 것이어야 합니다. 단지 부분적인 주의를 받을 가치밖에 없다고 생각하면, 그것이 진정으로 할 가치가 있는지 자문하세요. 어떤 활동이 사소해 보이더라도, 당신은 마음을 훈련하고 있다는 사실을 명심하세요.

① 일을 시작하기 전에 먼저 사소한 일과 중요한 일을 구분하는 습관을 기르라.
② 한 번에 두 가지 이상의 일을 성공적으로 수행할 수 있도록 훈련하라.
③ 자신이 하는 일에 전적으로 주의를 집중하라.
④ 과거나 미래가 주는 교훈에 귀를 기울이라.

41. 다음 글의 전개 순서로 가장 자연스러운 것은?

㉠ 하지만 맥아더 장군의 7월 하순 인천상륙작전 단행은 북한군의 남진을 저지할 유엔군의 병력부족으로 7월 10일경에 무산되었다.

㉡ 마침내 인천상륙작전에 대한 맥아더의 계획은 9월 9일 미 합동참모본부로부터 최종 승인되었고 이후 첩보대를 파견하여 인천연안에 대한 각 섬들과 해안을 정찰하여 관련 정보를 확보하였다.

㉢ 1950년 가을, 인천 해안에서 상륙작전이 가능한 만조일은 9월 15일, 10월 11일, 11월 3일과 이 날짜를 포함한 전후 2~3일 뿐이었고 이 중 10월은 기후관계상 상륙하기에 늦은 시기로서 가장 적절한 시기는 9월 15일로 결정되었다.

㉣ 이에 따라 그는 미 지상군의 참전이 결정된 나흘 뒤에 이미 일본에 주둔한 미 제1기병사단으로 7월 하순에 인천상륙작전을 단행할 수 있도록 상륙훈련을 지시하였다.

㉤ 인천상륙작전은 맥아더 장군이 한강전선을 시찰하고 복귀한 직후인 1950년 7월 첫 주에 그의 참모장 알몬드(Edward M. Almond) 소장에게 하달한 지시와 더불어 조기에 계획이 진척되었다.

㉥ 이후 상륙작전 구상은 비밀리에 계속 추진되고 있었다.

① ㉡㉠㉣㉢㉥㉤
② ㉤㉥㉣㉢㉠㉡
③ ㉤㉣㉠㉥㉢㉡
④ ㉡㉢㉠㉣㉥㉤

42. 다음 내용을 바탕으로 글을 쓸 때 그 주제로 알맞은 것은?

> - 경찰청은 고속도로 갓길 운행을 막기 위해 갓길로 운행하다 적발되면 30일간의 면허 정지 처분을 내리기로 결정했다.
> - 교통사고 사망률 세계 1위라는 불명예는 1991년에 이어 1992년에도 계속되었다.
> - 교통사고의 원인으로는 운전자의 부주의와 교통 법규 위반의 비율이 가장 높다.
> - 교통 법규 위반자는 자신의 과실로 다른 사람에게 피해를 준다는 점에서 문제가 더욱 심각하다.
> - 우리나라는 과속 운전, 난폭 운전이 성행하고 있다. 이를 근절하기 위한 엄격한 법이 필요하다.

① 교통사고를 줄이기 위해서는 엄격한 법이 필요하다.
② 사고 방지를 위한 대국민적인 캠페인 운동을 해야 한다.
③ 교통사고의 사망률은 교통 문화 수준을 반영한 것이다.
④ 올바른 교통 문화 정착을 위해 국민적 자각이 요구된다.

43. 다음 글의 요지를 가장 잘 정리한 것은?

> 신문에 실려 있는 사진은 기사의 사실성을 더해 주는 보조 수단으로 활용된다. 어떤 사실을 사진 없이 글로만 전할 때와 사진을 곁들여 전하는 경우에 독자에 대한 기사의 설득력에는 큰 차이가 있다. 이 경우 사진은 분명 좋은 의미에서의 영향력을 발휘한 경우에 해당할 것이다. 그러나 사진은 대상을 찍기 이전과 이후에 대해서 알려주지 않는다. 어떤 과정을 거쳐 그 사진이 있게 됐는지, 그 사진 속에 어떤 속사정이 숨어 있는지에 대해서도 침묵한다. 분명히 한 장의 사진에는 어떤 인과 관계가 있음에도 그것에 관해 자세히 설명해 주지 못한다. 이러한 서술성의 부족으로 인해 사진은 사람을 속이는 증거로 쓰이는 경우도 있다. 사기꾼들이 권력자나 얼굴이 잘 알려진 사람과 함께 사진을 찍어서, 자신이 그 사람과 특별한 관계가 있는 것처럼 보이게 하는 경우가 그 예이다.

① 사진은 서술성이 부족하기 때문에 사기꾼들에 의해 악용되는 경우가 많다.
② 사진은 사실성의 강화라는 장점을 지니지만 서술성의 부족이라는 단점도 지닌다.
③ 사진은 신문 기사의 사실성을 강화시켜 주며 어떤 사실의 객관적 증거로도 쓰인다.
④ 사진은 신문 기사의 사실성을 더해 주는 보조 수단으로서의 영향력이 상당하다.

44. 다음 글의 주제로 가장 적절한 것은?

> 법률 분야에서 특이한 점은 외국법에 낯가림이나 배타적 정서가 심하지 않다는 것이다. 어떤 경우는 오히려 적극적으로 외국법을 가져와 자기 나라에서 국내법으로 변형하여 사용하려 한다. 왜냐하면 주로 선진 법제를 가진 국가의 법은 오랜 기간 효과적으로 운용되어 살아남은 것이므로 충분히 주목할 가치가 있기 때문이다. 사실 법은 수시로 폐기되고 신설된다. 그런데 수정 조항 등을 거쳐 현실 속에서 잘 기능하고 있다면 그 법의 유용성은 검증된 것이나 다름없다. 후발 주자 입장에서는 선진 법제를 참고하여 법률을 제정하는 것이 여러모로 효율적이고 시행착오를 줄이는 길이다. 검증된 유효성이 설익은 독창성보다 중요하기 때문이다. 그러므로 어떤 법을 보면 외국법이나 국내법이나 그 내용이 대동소이한 경우가 많다. 단지 자국의 언어로 표현했다는 점만 다를 뿐, 실질적으로는 같은 내용의 법인 것이다. 이와 같이 선진 법제를 도입하는 형식으로 외국법을 자주 차용하는 영역에서는 국내법과 외국법이 하나로 융합되어 있다고 볼 수 있다.

① 외국법과 국내법의 융합
② 외국법을 받아들이는 우리의 태도
③ 법률제정의 시행착오를 줄이는 법
④ 외국법을 국내법으로 변형하여 사용하는 이유

45. 다음 글의 주제로 가장 적절한 것은?

한 개인의 창의성 발휘는 자기 영역의 규칙이나 내용에 대한 이해뿐 아니라 현장에서 적용되는 평가기준과도 밀접한 관련을 갖고 있다. 어떤 미술 작품이 창의적인 것으로 평가받기 위해 당대 미술가들이나 비평가들이 작품을 바라보는 잣대에 들어맞아야 한다. 마찬가지로 문학 작품의 창의성 여부도 당대 비평가들의 평가기준에 따라 달라질 수 있다. 예를 들어, 라파엘로의 창의성은 미술사학, 미술 비평이론, 그리고 미적 감각의 변화에 따라 그 평가가 달라졌다. 그는 16세기와 19세기에는 창의적이라고 여겨졌으나, 그 사이 기간과 그 이후에는 그렇지 못했다. 라파엘로는 사회가 그의 작품에서 감동을 받고 새로운 가능성을 발견할 때 창의적이라고 평가받을 수 있었다. 그러나 만일 그의 그림이 미술을 아는 사람들의 눈에 도식적이고 고리타분하게 보였다면, 그는 기껏해야 뛰어난 제조공이나 꼼꼼한 채색가로 불렸을 것이다.

① 창의성은 본질적으로 신비하고 불가사의한 영역이다.
② 상징에 의해 전달되는 지식은 우리의 외부에서 온다.
③ 창의성은 일정한 준비 기간을 필요로 한다.
④ 창의성의 발휘는 평가 기준과 밀접한 관련이 있다.

46. 다음 글의 전개 순서로 가장 자연스러운 것은?

㉮ 가벼울수록 에너지 소모가 줄어들기 때문에 철도차량은 끊임없이 경량화를 추구하고 있다. 물론 차량속도를 높이기 위해서는 추진 장치의 성능을 높일 수도 있지만, 이는 가격상승과 더 많은 전력 손실을 가져온다. 또한 차량이 무거울수록 축중이 증가해 궤도와 차륜의 유지보수 비용도 증가하고, 고속화 했을 때 그만큼 안전성이 떨어지는 등 문제가 있어 경량화는 열차의 설계에 있어서 필수적인 사항이 되었다.

㉯ 이를 위해 한 종류의 소재로 전체 차체구조에 적용하는 것이 아니라, 소재의 기계적 특성과 해당 부재의 기능적 역할에 맞게 2종류 이상의 소재를 동시에 적용하는 하이브리드 형 차체가 개발되었다. 예를 들면 차체 지붕은 탄소섬유강화플라스틱(CFRP)과 알루미늄 압출재, 하부구조는 스테인리스 스틸 또는 고장력강 조합 등으로 구성되는 등 다양한 소재를 병용해 사용하고 있다. 이렇게 복합재료를 사용하는 것은 두 가지 이상의 독립된 재료가 서로 합해져서 보다 우수한 기계적 특성을 나타낼 수 있기 때문이다.

㉰ 초기의 철도 차량은 오늘날과 전혀 다른 소재와 모양을 하고 있었다. 열차가 원래 마차를 토대로 하여 만들어졌고, 증기기관의 성능도 뛰어나지 못해 대형 차량을 끌 수 없었기 때문이다. 하지만 크기가 커지면서 구조적으로 집과 유사한 형태를 가지게 되어, 철도 차량은 벽과 기둥이 만들어지고 창문이 설치되면서 집과 유사한 구조를 가지게 되었다. 열차의 차체는 가벼운 목재에서 제철산업이 발달하면서 강제로 변화되었다. 차체 소재가 목재에서 금속재로 변경된 이유는 충돌, 탈선 및 전복, 화재 등의 사고가 발생했을 때 목재 차체는 충분한 안전을 확보하는데 어렵기 때문이다. 물론 생산제조 기술의 발전으로 금속재료 차체들의 소재원가 및 제조비용이 낮아졌다는 것도 중요하다고 할 수 있다.

|48~49| 다음 제시된 식을 보고 빈칸에 들어갈 알맞은 수를 고르시오.

㉣ 철강 기술이 발달하면서 다양한 부위에 녹이 슬지 않는 스테인리스를 사용하게 되었다. 그리고 구조적으로도 변화가 생겼다. 단순한 상자모양에서 차량은 프레임 위에 상자 모양의 차체를 얹어서 만드는 형태로 진화했고, 위치에 따라 작용하는 힘의 크기를 계산해 다양한 재료를 사용하기에 이르렀다. 강재나 SUS(스테인리스 스틸), 알루미늄 합금 등 다양한 금속재료를 활용하는 등 소재의 종류도 크게 증가했다. 그리고 금속소재뿐만 아니라 엔지니어링 플라스틱이나 섬유강화복합(FRP, Fiber Reinforced Polymer) 소재와 같은 비금속 재료도 많이 활용되고 있다. FRP는 우수한 내식성과 성형성을 가진 에폭시나 폴리에스터와 같은 수지를 유리나 탄소섬유와 같이 뛰어난 인장과 압축강도를 가진 강화재로 강도를 보강해 두 가지 재료의 강점만 가지도록 만든 것이다.

① ㈐ － ㈑ － ㈎ － ㈏
② ㈑ － ㈐ － ㈎ － ㈏
③ ㈐ － ㈑ － ㈏ － ㈎
④ ㈏ － ㈑ － ㈎ － ㈐

48.

$$23 \oplus 8 = 3 \qquad 11 \oplus 14 = 1 \qquad 4 \oplus 30 = 2 \qquad 25 \oplus 7 = (\quad)$$

① 0   ② 1
③ 2   ④ 3

49.

<u>3 4 1 2</u>   <u>3 5 1 5</u>   <u>3 6 1 ( )</u>

① 7   ② 8
③ 9   ④ 10

47. 다음 빈칸에 들어갈 말로 가장 적절한 것은?

말 잘하는 것이 요즘처럼 대접을 받는 시기는 우리 역사를 통해서 아마 없었을 것이다. 말은 억제하고 감추고 침묵하는 것이 미덕이었던 시절이 불과 얼마 전이었다. 전달의 효율성보다는 말의 권위를 따졌고, 말로 인해서 관계를 만들기보다는 말을 통하여 사람들 사이에 벽을 쌓았다. 그러나 이제는 사회를 억누르던 말의 권위주의 문화가 퇴조하고 새로운 가치관이 싹트고 있다. 걸출한 커뮤니케이터들이 정치무대의 중심에 등장했고, 이들의 말 한마디가 세상을 바꾸고 있다. (   )

① 그래서 더욱더 과묵함이 강조되고 있다.
② 꾸민 말에는 진실이 깃들이 어렵게 된 셈이다.
③ 말 한마디로 권위를 잃게 되는 경우가 많아지고 있다.
④ 화려한 말을 구사하는 능력이 대중의 인기를 모으고 있다.

50. 다음의 내용을 근거로 할 때 유추할 수 있는 옳은 내용만을 바르게 짝지은 것은?

갑과 을은 ○×퀴즈를 풀었다. 문제는 총 8문제(100점 만점)이고, 분야별 문제 수와 문제당 배점은 다음과 같다.

분야	문제 수	문제당 배점
한국사	6	10점
경제	1	20점
예술	1	20점

문제 순서는 무작위로 정해지고, 갑과 을이 각 문제에 대해 ○ 또는 ×를 다음과 같이 선택하였다.

문제	갑	을
1	○	○
2	×	○
3	○	○
4	○	×
5	×	×
6	○	×
7	×	○
8	○	○
총점	80점	70점

㉠ 갑과 을은 모두 경제 문제를 틀린 경우가 있을 수 있다.
㉡ 갑만 경제 문제를 틀렸다면, 예술 문제는 갑과 을 모두 맞혔다.
㉢ 갑이 역사 문제 두 문제를 틀렸다면, 을은 예술 문제와 경제 문제를 모두 맞혔다.

① ㉡
② ㉢
③ ㉠㉡
④ ㉠㉢

51. L그룹은 직원들의 인문학 역량 향상을 위하여 독서 캠페인을 진행하고 있다. 다음 〈표〉는 인사팀 사원 6명의 지난달 독서 현황을 보여주는 자료이다. 이 자료를 바탕으로 할 때, 〈보기〉의 설명 가운데 옳지 않은 것을 모두 고르면?

〈표〉 인사팀 사원별 독서 현황

구분 \ 사원	준호	영우	나현	준걸	주연	태호
성별	남	남	여	남	여	남
독서량(권)	0	2	6	4	8	10

〈보기〉
㉠ 인사팀 사원들의 평균 독서량은 5권이다.
㉡ 남자 사원인 동시에 독서량이 5권 이상인 사원수는 남자 사원수의 50% 이상이다.
㉢ 독서량이 2권 이상인 사원 가운데 남자 사원의 비율은 인사팀에서 여자 사원 비율의 2배이다.
㉣ 여자 사원이거나 독서량이 7권 이상인 사원수는 전체 인사팀 사원수의 50% 이상이다.

① ㉠㉡
② ㉠㉢
③ ㉠㉣
④ ㉡㉢

52. A, B, C, D 네 명의 동업자가 하루 매출액을 나누었다. 가장 먼저 A는 10만 원과 나머지의 $\frac{1}{5}$를 먼저 받고, 다음에 B가 20만 원과 그 나머지의 $\frac{1}{5}$, 그 이후에 C는 30만 원과 그 나머지의 $\frac{1}{5}$, D는 마지막으로 남은 돈을 모두 받았다. A, B, C, D 네 명이 받은 액수가 모두 같았다면, 하루 매출액의 총액은 얼마인가?

① 130만 원
② 140만 원
③ 150만 원
④ 160만 원

53. 비가 온 다음날 비가 올 확률은 $\dfrac{2}{3}$ 이고, 비가 안 온 다음날 비가 올 확률은 $\dfrac{1}{4}$ 이다. 어제 비가 왔다면, 내일 비가 올 확률은?

① $\dfrac{19}{36}$　　　　② $\dfrac{27}{36}$

③ $\dfrac{1}{4}$　　　　④ $\dfrac{7}{36}$

54. 정글에서 한 번도 본 적이 없는 이상한 동물을 목격했다는 사람들의 전언에 의하면 그 동물은 머리의 길이가 70cm이고, 꼬리의 길이는 머리의 길이와 몸통의 길이를 합한 것의 절반이고, 몸통의 길이는 전체 몸길이의 절반과 같다고 하였다. 이 동물의 전체 몸길이는 얼마인가?

① 360cm　　　　② 420cm

③ 480cm　　　　④ 540cm

55. 다음 도형들의 일정한 규칙을 찾아 ? 표시된 부분에 들어갈 도형을 고르시오.

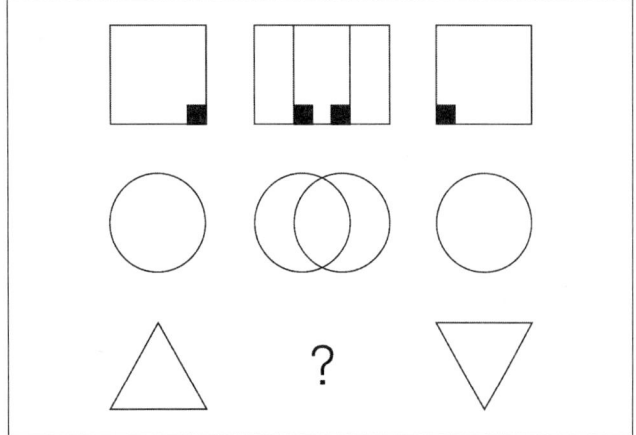

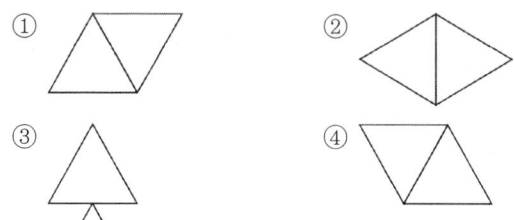

56. 다음 전개도로 만든 입체도형으로 알맞은 것은?(단, 기호 및 문자(예 : ♧, ☎, ♨, K, H)의 회전에 의한 효과는 본 문제의 풀이 과정에 반영하지 않음)

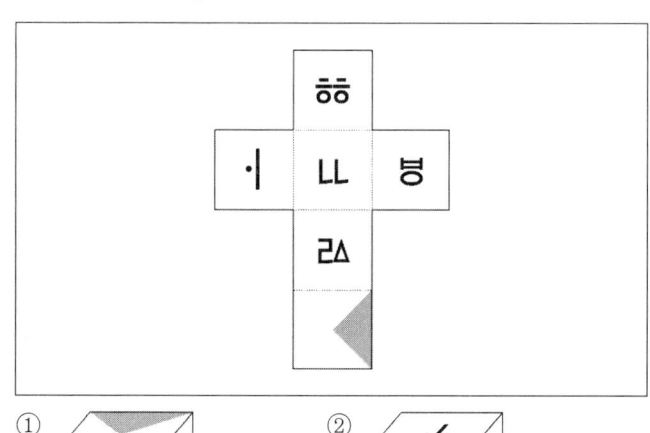

① 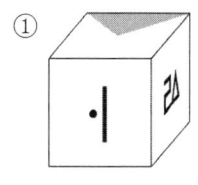　　②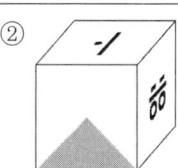

③ 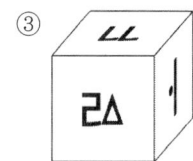　　④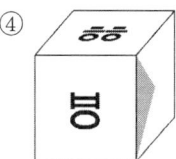

57. 다음에 제시된 블록들을 화살표 표시한 방향에서 바라봤을 때의 모양으로 알맞은 것을 고르시오.

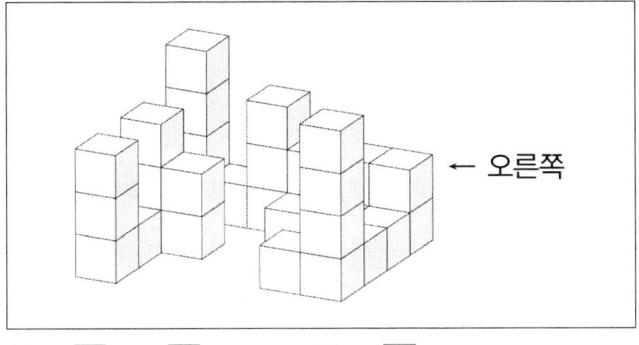

← 오른쪽

①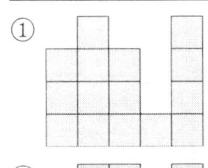

②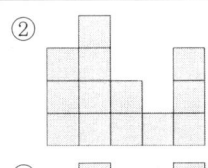

③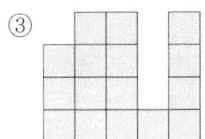

④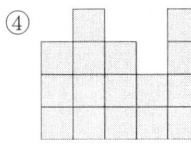

58. 다음 제시된 두 도형을 결합했을 때 만들 수 없는 형태를 고르시오.

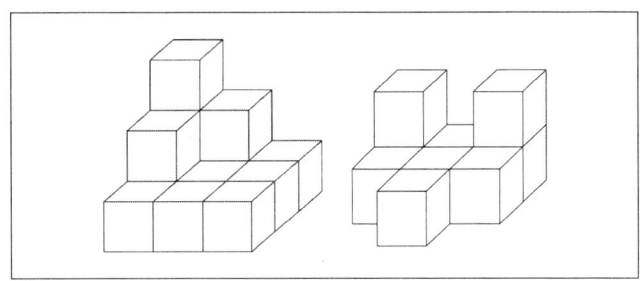

①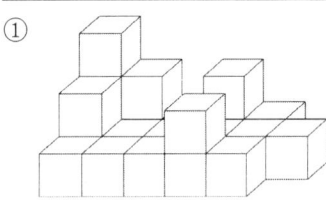

②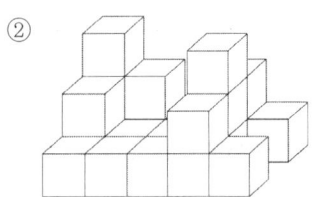

③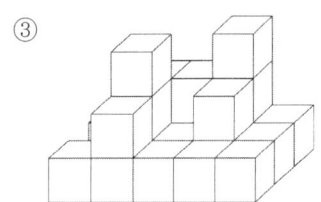

④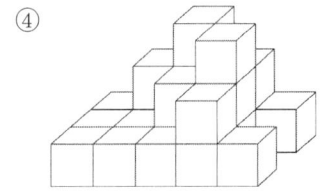

59. 다음과 같이 화살표 방향으로 종이를 접어 가위로 잘라낸 뒤 펼친 모양에 해당하는 것을 고르시오.

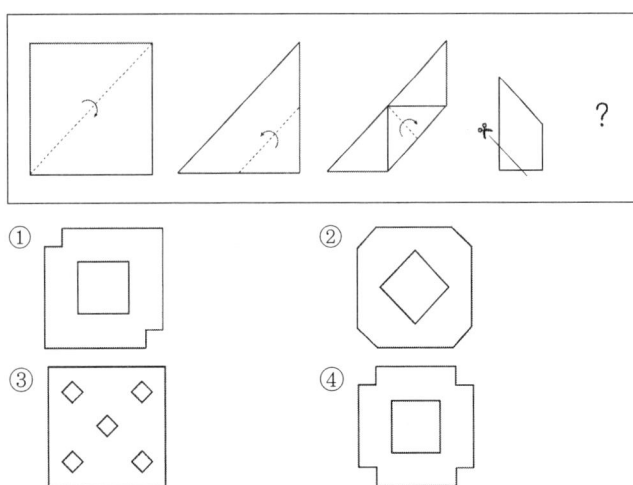

① ② ③ ④

60. 다음과 같이 종이를 접은 후 구멍을 뚫어 펼친 그림으로 옳은 것을 고르시오.

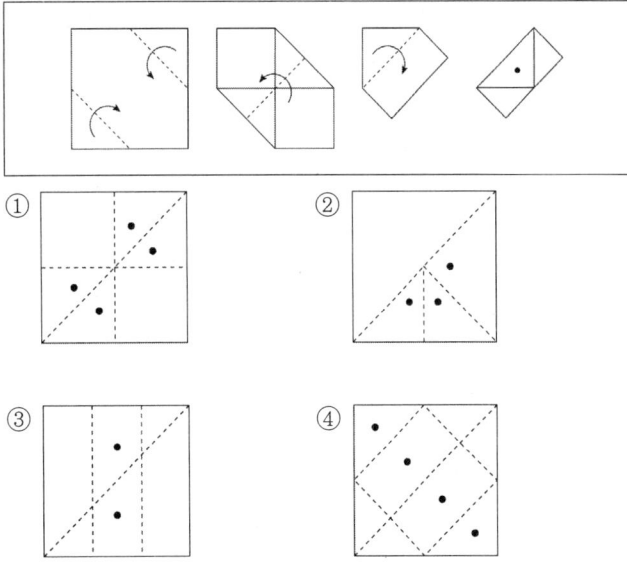

① ② ③ ④

61. 다음 도형을 펼쳤을 때 나타날 수 있는 전개도를 고르시오.

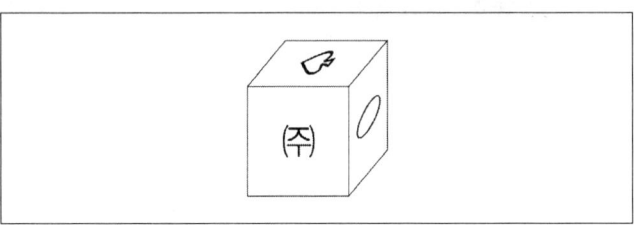

①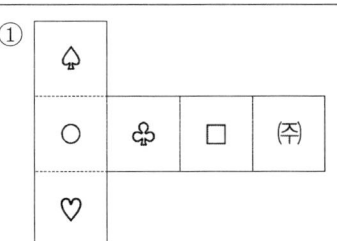

②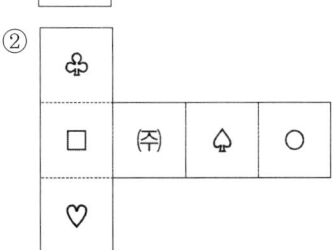

③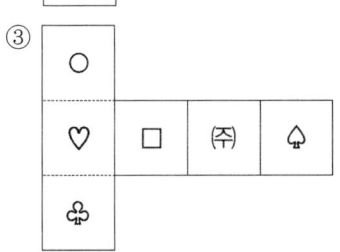

④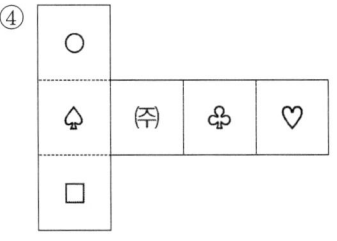

62. 다음 전개도를 접었을 때 나타나는 정육면체의 모양이 아닌 것을 고르시오.

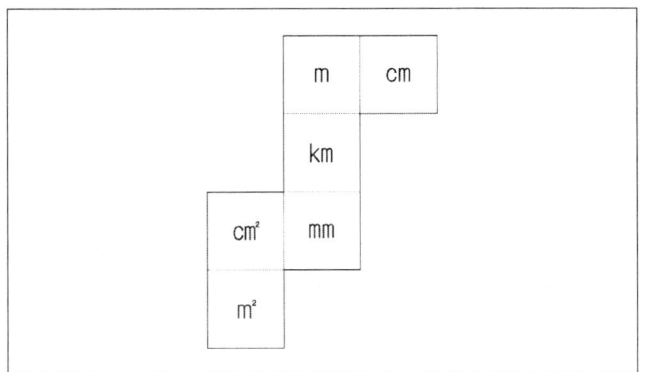

① 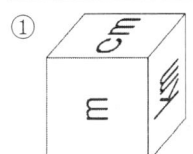 ②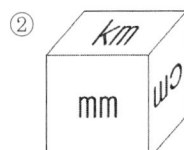

③ 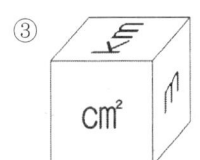 ④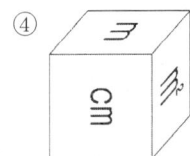

63. 다음의 제시된 도형을 조합하여 만들어진 것을 고르시오.

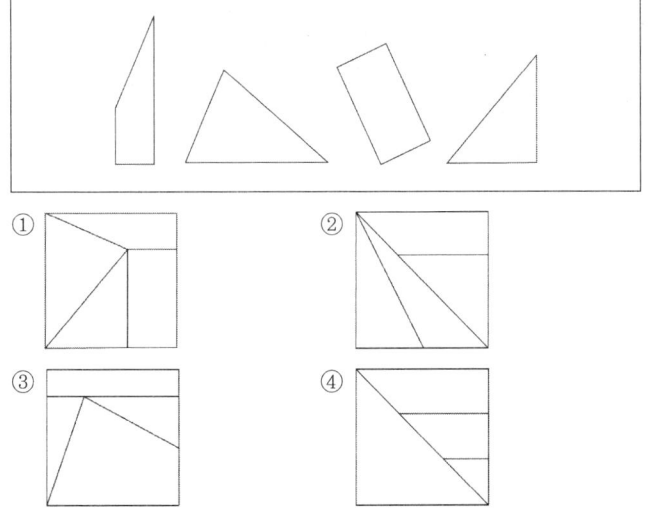

64. 아래의 기호/문자 무리 중 '가열'은 몇 번 제시되었나?

가을	가지	가구	가을	가열	가족
가열	가방	가상	가망	가치	가지
가지	가사	가방	가열	가사	가구
가구	가을	가사	가상	가구	가축
가방	가열	가망	가지	가사	가망
가족	가지	가구	가상	가망	가을

① 1개 ② 2개

③ 3개 ④ 4개

65. 아래의 기호/문자 무리에 제시되지 않은 것은?

여자	빨강	쿠키	바다	남자	책상
축구	지갑	난초	장미	농구	탄소
병원	튤립	약국	산소	발톱	벼루
전화	가위	야구	종이	버스	반지
과자	하늘	손톱	안경	신발	기차
연필	가방	파랑	육지	의자	매화

① 반지 ② 안경

③ 시계 ④ 신발

66. 다음에서 제시된 문자가 아닌 것은?

Ы	К	Қ	Ç	Ң	Ч
Т	Ҩ	Ђ	Ү	Ҷ	Ц
Ц	Ҝ	Ғ	¥	Ҕ	Æ
Ҷ	К	Ж	Х	Ж	Є
Н	Ԉ	З	І	Ҿ	h

① Ҩ ② Ö

③ Җ ④ Ҥ

67. 다음 제시된 도형을 분리하였을 때 나올 수 없는 조각은?

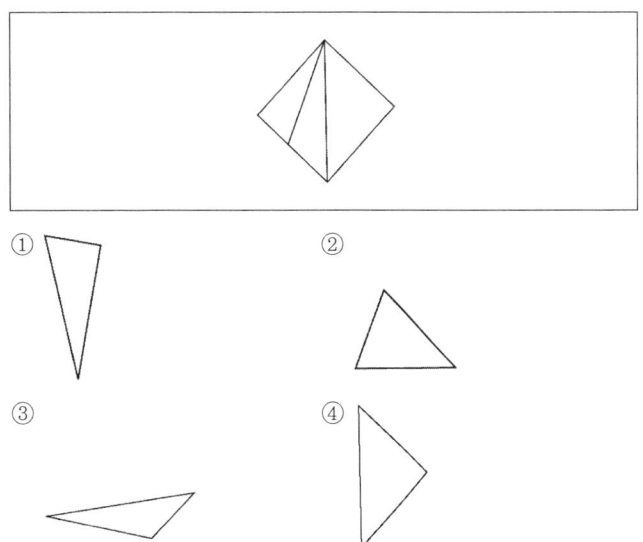

① ② ③ ④

68. 다음 제시된 그림 중에서 나머지와 모양이 다른 하나를 고르시오

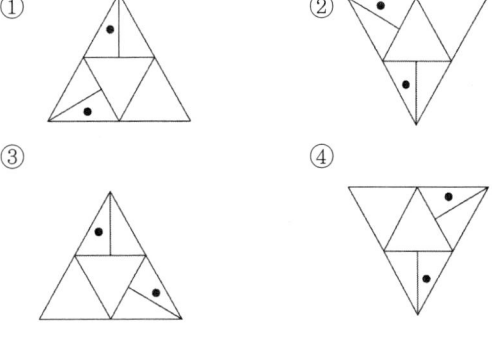

① ② ③ ④

69. 다음 도형의 규칙 변화를 찾아 빈 칸에 알맞은 모양을 바르게 고른 것은?

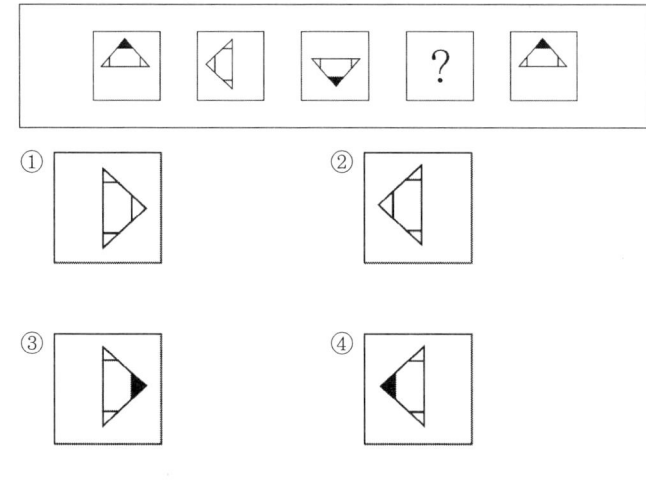

70. 다음 제시된 모양들이 일정한 규칙을 갖는다고 할 때 '?'에 들어갈 알맞은 모양을 고른 것은?

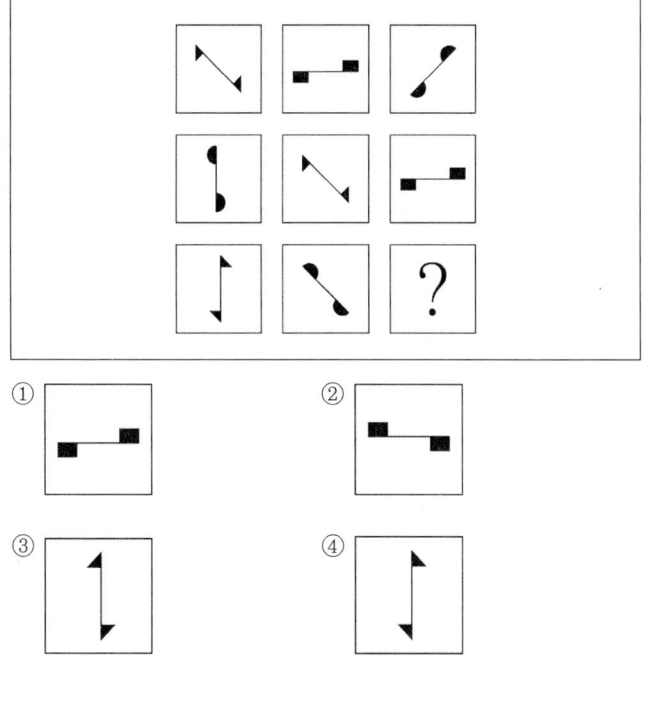

KAC공항서비스 필기시험 적성검사

절 취 선

	①	②	③	④			①	②	③	④			①	②	③	④			①	②	③	④
1	①	②	③	④		21	①	②	③	④		41	①	②	③	④		61	①	②	③	④
2	①	②	③	④		22	①	②	③	④		42	①	②	③	④		62	①	②	③	④
3	①	②	③	④		23	①	②	③	④		43	①	②	③	④		63	①	②	③	④
4	①	②	③	④		24	①	②	③	④		44	①	②	③	④		64	①	②	③	④
5	①	②	③	④		25	①	②	③	④		45	①	②	③	④		65	①	②	③	④
6	①	②	③	④		26	①	②	③	④		46	①	②	③	④		66	①	②	③	④
7	①	②	③	④		27	①	②	③	④		47	①	②	③	④		67	①	②	③	④
8	①	②	③	④		28	①	②	③	④		48	①	②	③	④		68	①	②	③	④
9	①	②	③	④		29	①	②	③	④		49	①	②	③	④		69	①	②	③	④
10	①	②	③	④		30	①	②	③	④		50	①	②	③	④		70	①	②	③	④
11	①	②	③	④		31	①	②	③	④		51	①	②	③	④						
12	①	②	③	④		32	①	②	③	④		52	①	②	③	④						
13	①	②	③	④		33	①	②	③	④		53	①	②	③	④						
14	①	②	③	④		34	①	②	③	④		54	①	②	③	④						
15	①	②	③	④		35	①	②	③	④		55	①	②	③	④						
16	①	②	③	④		36	①	②	③	④		56	①	②	③	④						
17	①	②	③	④		37	①	②	③	④		57	①	②	③	④						
18	①	②	③	④		38	①	②	③	④		58	①	②	③	④						
19	①	②	③	④		39	①	②	③	④		59	①	②	③	④						
20	①	②	③	④		40	①	②	③	④		60	①	②	③	④						

명	
성	

수 험 번 호		⓪	①	②	③	④	⑤	⑥	⑦	⑧	⑨
		⓪	①	②	③	④	⑤	⑥	⑦	⑧	⑨
		⓪	①	②	③	④	⑤	⑥	⑦	⑧	⑨
		⓪	①	②	③	④	⑤	⑥	⑦	⑧	⑨
		⓪	①	②	③	④	⑤	⑥	⑦	⑧	⑨
		⓪	①	②	③	④	⑤	⑥	⑦	⑧	⑨
		⓪	①	②	③	④	⑤	⑥	⑦	⑧	⑨
		⓪	①	②	③	④	⑤	⑥	⑦	⑧	⑨

KAC 공항서비스

제4회 모의고사

성명		생년월일	
문제 수(배점)	70문항	풀이시간	/ 60분
영역	직업기초능력평가		
비고	객관식 4지선다형		

1. 다음 제시된 단어와 유사한 의미를 가진 단어를 고르시오.

> 세벌(世閥)

① 격조(隔阻)　　　② 난투(亂鬪)

③ 신분(身分)　　　④ 품격(品格)

2. 다음 주어진 단어와 반대 또는 상대되는 단어를 고르시오.

> 생때같다

① 허약하다　　　② 순진하다

③ 튼실하다　　　④ 순박하다

3. 다음에 제시된 문장의 밑줄 친 부분과 같은 의미로 쓰인 것을 고르시오.

> 교차로에서는 신호등을 잘 <u>보고</u> 건너야 한다.

① 내가 너<u>보다</u> 키가 크다.

② 일요일에 맞선을 <u>본다</u>.

③ 나는 그녀와 영화를 <u>보고</u> 있다.

④ 수상한 사람을 <u>보면</u> 신고해라.

4. 다음을 읽고, 빈칸에 들어갈 내용으로 가장 알맞은 것을 고르시오.

> 힐링(Healing)은 사회적 압박과 스트레스 등으로 손상된 몸과 마음을 치유하는 방법을 포괄적으로 일컫는 말이다. 우리보다 먼저 힐링이 정착된 서구에서는 질병 치유의 대체요법 또는 영적·심리적 치료 요법 등을 지칭하고 있다.
>
> 국내에서도 최근 힐링과 관련된 갖가지 상품이 유행하고 있다. 간단한 인터넷 검색을 통해 수천 가지의 상품을 확인할 수 있을 정도다. 종교적 명상, 자연 요법, 운동 요법 등 다양한 형태의 힐링 상품이 존재한다. 심지어 고가의 힐링 여행이나 힐링 주택 등의 상품들도 나오고 있다.
>
> 그러나 _____ 우선 명상이나 기도 등을 통해 내면에 눈뜨고, 필라테스나 요가를 통해 육체적 건강을 회복하여 자신감을 얻는 것부터 출발할 수 있다.

① 힐링이 먼저 정착된 서구의 힐링 상품들을 참고해야 할 것이다.

② 많은 돈을 들이지 않고서도 쉽게 할 수 있는 일부터 찾는 것이 좋을 것이다.

③ 이러한 상품들의 값이 터무니없이 비싸다고 느껴지지는 않을 것이다.

④ 자신을 진정으로 사랑하는 법을 알아야 할 것이다.

5. 다음 이야기를 통해 작가가 이야기하고자 하는 바는 무엇인가?

조선 세조 때 학자요 명문장가로 이름을 날린 김수온이라는 사람이 있었습니다. 그는 책을 읽기로 들면 그 책을 한 장씩 옷소매에 넣고 다니며 외우고, 다 외워 확실하게 살이 되었다고 판단되면 책장 자체는 중요시하지 않고 때로는 그것을 버리기까지 했던 것입니다. 하루는 신숙주의 집에 놀러 온 김수온이 신숙주의 서가에서 '고문선'이라는 책을 발견하고는 이를 빌려주기를 간절히 청했습니다. 신숙주는 이 책이 임금에게 하사받은 책인지라 쉽게 빌려 주지 못하고 망설이다가 김수온이 간절하게 청하는 바람에 어쩔 수 없이 빌려주고 말았습니다.

김수온의 책 읽는 습관을 아는 신숙주는 한 달이 넘도록 책을 돌려받지 못하자 내심 고민하다가 하루는 김수온의 집으로 찾아갔습니다. 김수온의 방에 들어간 신숙주는 깜짝 놀라 그 자리에 주저앉을 뻔했습니다. 그 소중히 여기던 책이 아예 방에 가득 도배되어 있었기 때문입니다. 임금에게 하사받은 책이라 자신도 함부로 책장을 넘기지 않았던 그 보물의 몰골을 보고 신숙주는 넋을 잃고 망연자실해 있다가 김수온에게 자초지종을 물으니 김수온이 말하기를 "누워서 마음의 살이 되게끔 삭히고자 그렇게 하였소."하고 대답했습니다.

① 다독을 통해 견문을 넓히고 풍부한 경험을 쌓도록 해야 한다.
② 독서는 내용을 깨달아 마음의 양식이 되도록 해야 한다.
③ 책을 읽을 때는 그 내용을 반드시 외워야 한다.
④ 친구에게 빌린 책은 반드시 돌려주어야 한다.

┃6~7┃ 다음 글을 읽고 물음에 답하시오.

(가) 바야흐로 "21세기는 문화의 세기가 될 것이다."라는 전망과 주장은 단순한 바람의 차원을 넘어서 보편적 현상으로 인식되고 있다. 이러한 현상은 세계 질서가 유형의 자원이 힘이 되었던 산업사회에서 눈에 보이지 않는 무형의 지식과 정보가 경쟁력의 원천이 되는 지식 정보 사회로 재편되는 것과 맥을 같이 한다.

(나) 지금까지의 산업사회에서 문화와 경제는 각각 독자적인 영역을 유지해 왔다. 그러나 지식정보사회에서는 경제성장에 따라 소득 수준이 향상되고 교육 기회가 확대되면서 물질적 풍요를 뛰어넘는 삶의 질을 고민하게 되었고, 모든 재화와 서비스를 선택할 때 기능성을 능가하는 문화적, 미적 가치를 고려하게 되었다.

(다) 이제 문화는 배부른 자나 유한계급의 전유물이 아니라 생활 그 자체가 되었다. 고급문화와 대중문화의 경계가 무너지고 장르 간 구분이 모호해지면서 서로 다른 문화가 뒤섞여 새로운 문화가 생겨나고 있다. 이렇게 해서 나타나는 퓨전 문화가 대중적 관심을 끌고 있는 가운데 이율배반적인 것처럼 보였던 문화와 경제의 공생 시대가 열린 것이다. 특히 경제적 측면에서 문화는 고전 경제학에서 말하는 생산의 3대 요소인 토지·노동·자본을 대체하는 생산 요소가 되었을 뿐만 아니라 경제적 자본 이상의 주요한 자본이 되고 있다.

6. 주어진 글의 내용과 일치하지 않는 것은?

① 문화와 경제가 서로 도움이 되는 보완적 기능을 하는 공생 시대가 열렸다.
② 산업사회에서 문화와 경제는 각각 독자적인 영역을 유지해 왔다.
③ 이제 문화는 부유층의 전유물이 아니라 생활 그 자체가 되었다.
④ 고급문화와 대중문화가 각자의 영역을 확고히 굳히며 그 깊이를 더하고 있다.

7. 주어진 글의 흐름에서 볼 때 아래의 글이 들어갈 적절한 곳은?

> 뿐만 아니라 정보통신이 급격하게 발달함에 따라 세계 각국의 다양한 문화를 보다 빠르게 수용하면서 문화적 욕구와 소비를 가속화시켰고, 그 상황 속에서 문화와 경제는 서로 도움이 되는 보완적 기능을 하게 되었다.

① (가) 앞   ② (가)와 (나) 사이

③ (나)와 (다) 사이   ④ (다) 다음

8. 다음 글의 전개 순서로 가장 자연스러운 것은?

> (가) 우리나라 가계조사의 시초는 1951년 한국은행에서 전시 중의 국민 소비 수준을 측정하기 위하여 부산의 60가계를 대상으로 조사한 것이 최초이다.
> (나) 이 자료는 국민의 생활수준 및 소비생활 실태를 파악하게 해 주며 국가가 소비자물가지수를 산출하거나 임금정책·사회보장제도 등을 수립하는 데 기초 자료로 쓰이고 있다.
> (다) 가계조사는 가계의 경제 상태 및 생활수준의 변동 상황을 파악하기 위하여 가계수입과 가계지출을 세부 항목별로 조사하는 것이다.
> (라) 이어 1954년에는 서울의 근로자 100가계를 대상으로 조사하였으며 이는 1959년까지 계속되었다.
> (마) 하지만 이러한 조사는 그 조사대상이 극히 일부 근로자에 국한되었고 표본 선출 과정에도 객관성이 결여되어 있었으므로 1960년에는 조사대상을 선정하는 방법을 개선하여 실행하였고 1990년부터는 통계청에서 실시하여 매년 「한국통계연감」·「도시가계연보」 등에 발표하고 있다.

① (다) – (나) – (가) – (라) – (마)

② (다) – (라) – (가) – (나) – (마)

③ (라) – (마) – (나) – (다) – (가)

④ (라) – (다) – (나) – (마) – (가)

9. 단어의 상관관계를 파악하고 ㉠과 ㉡안에 들어갈 단어로 적절한 것을 고르시오.

> 연대 : (㉠) = 모방 : (㉡)

① ㉠ : 모임   ㉡ : 창조

② ㉠ : 개인   ㉡ : 모조

③ ㉠ : 단체   ㉡ : 흉내

④ ㉠ : 모임   ㉡ : 처방

10. 다음 중 단어의 관계가 다른 것은?

① 으하하 : 으허허

② 아장아장 : 어정어정

③ 사박사박 : 서벅서벅

④ 우글쭈글 : 오글쪼글

11. 다음 조건에서 추론할 수 있는 것은?

홍보부, 영업부, 인사부, 총무부의 4개 부서에서 갑, 을, 병, 정, 무 5사람 중 한 명씩 신입사원을 채용하려고 한다. 면접심사 후, 갑, 을, 병, 정, 무는 다음과 같이 예측하였는데 4명의 진술은 옳았고, 한 사람의 진술은 틀렸다.

- 갑 : 을이 홍보부에 채용되었거나, 정이 인사부에 채용되었다.
- 을 : 무가 영업부에 채용되었거나, 정이 인사부 채용되지 않았다.
- 병 : 을은 홍보부에 채용되지 않았고, 무는 영업부에 채용되지 않았다.
- 정 : 갑은 총무부에 채용되었고, 무는 영업부에 채용되었다.
- 무 : 병을 제외한 나머지 사람들이 채용되었고, 정이 인사부에 채용되었다.

① 을은 채용되지 않았다.
② 갑이 총무부에 채용되었다.
③ 병은 영업부에 채용되었다.
④ 무는 홍보부에 채용되었다.

12. 다음 조건에서 팀에서 달리기가 가장 느린 사람은 누구인가?

5월에 열린 사내 체육대회의 100m 달리기 순위는 아래와 같다.
- 오과장은 장백기에게 이겼다.
- 한석율은 안영이에게 졌다.
- 김대리는 장그래에게 졌지만 오과장에게는 이겼다.
- 장백기는 안영이에게 이겼지만 김대리에게는 졌다.

① 안영이
② 한석율
③ 오과장
④ 장그래

13. 다음 명제가 성립할 때 확실하게 알 수 있는 것은?

명제 1 : 봄을 좋아하는 사람은 감성적이다.
명제 2 : 안개꽃을 좋아하는 사람은 보라색을 좋아하지 않는다.
명제 3 : 감성적인 사람은 보라색을 좋아한다.

① 보라색을 좋아하는 사람은 감성적이다.
② 봄을 좋아하는 사람은 보라색을 좋아한다.
③ 안개꽃을 좋아하는 사람은 감성적이다.
④ 봄을 좋아하는 사람은 안개꽃을 좋아한다.

14. 다음 조건에서 '혜경이가 민석이를 사랑한다'는 말이 참이라면, 영희를 좋아하는 사람은 누구인가?

- 민석이가 영희를 좋아하지 않는다면 철수는 영희를 좋아한다.
- 철수 또는 은수 둘 중에 한 사람만이 영희를 좋아한다.
- 혜경이가 민석이를 사랑하면 은수는 영희를 좋아한다.

① 은수, 민석
② 철수
③ 철수, 민석
④ 민석

15. 다음에 제시된 전제에 따라 결론을 바르게 추론한 것은?

- 준서는 영어 성적이 윤재보다 20점 더 높다.
- 영건이의 점수는 준서보다 10점 낮다.
- 그러므로 _____

① 영건이와 윤재의 점수차이는 10점이다.

② 윤재의 점수가 가장 높다.

③ 영건이의 점수가 가장 높다.

④ 준서의 점수는 윤재의 점수보다 낮다.

16. 다음을 읽고 네 사람의 직업이 중복되지 않을 때 C의 직업은 무엇인지 고르면?

- ㉠ A가 국회의원이라면 D는 영화배우이다.
- ㉡ B가 승무원이라면 D는 치과의사이다.
- ㉢ C가 영화배우면 B는 승무원이다.
- ㉣ C가 치과의사가 아니라면 D는 국회의원이다.
- ㉤ D가 치과의사가 아니라면 B는 영화배우가 아니다.
- ㉥ B는 국회의원이 아니다.

① 국회의원   ② 배우

③ 승무원   ④ 치과의사

17. 주어진 결론을 반드시 참으로 하는 전제를 고르시오.

전제1 : 찬희는 가끔 자신의 방을 깨끗하게 유지한다.

전제2 : _____

결론 : 찬희는 완벽주의자가 아니다.

① 자신의 방을 언제나 깨끗하게 유지하는 사람이라면 완벽주의자이다.

② 완벽주의자라면 자신의 방을 언제나 깨끗하게 유지한다.

③ 자신의 방을 언제나 깨끗하게 유지하지 않는 사람이라도 완벽주의자일 수 있다.

④ 완벽주의자는 하루에 한번 이상 자신의 방을 청소한다.

18. 유치원생들을 대상으로 좋아하는 과일에 대해서 조사한 결과 다음과 같은 자료를 얻었다. 다음 중 유치원생인 지민이가 한라봉을 좋아한다는 결론을 이끌어낼 수 있는 것은 무엇인가?

- ㉠ 귤과 레몬을 모두 좋아하는 유치원생은 한라봉도 좋아한다.
- ㉡ 오렌지와 자몽을 모두 좋아하는 유치원생은 한라봉도 좋아한다.
- ㉢ 유치원생들은 모두 금귤이나 라임 중 하나를 반드시 좋아한다.
- ㉣ 라임을 좋아하는 유치원생은 레몬을 좋아한다.
- ㉤ 금귤을 좋아하는 유치원생은 오렌지를 좋아한다.

① 지민이는 귤과 자몽을 좋아한다.

② 지민이는 오렌지와 레몬을 좋아한다.

③ 지민이는 귤과 오렌지를 좋아한다.

④ 지민이는 금귤과 라임을 좋아한다.

19. 어ㅅ 학급의 환경미화를 위해 환경미화위원을 뽑는데 갑수, 을숙, 병식, 정연, 무남, 기은이가 후보로 올라왔다. 다음과 같은 조건에 따라 환경미화위원이 될 때, 을숙이가 위원이 되지 않았다면 반드시 환경미화위원이 되는 사람은?

┌───┐
│ ㉠ 만약 갑수가 위원이 된다면, 을숙이와 병식이도 위원이 │
│   되어야 한다. │
│ ㉡ 만약 갑수가 위원이 되지 않는다면, 정연이가 위원이 되 │
│   어야 한다. │
│ ㉢ 만약 을숙이 위원이 되지 않는다면, 병식이나 무남이가 │
│   위원이 되어야 한다. │
│ ㉣ 만약 병식과 무남이가 함께 위원이 되면, 정연은 위원이 │
│   되어서는 안 된다. │
│ ㉤ 만약 정연이나 무남이가 위원이 되면, 기은이도 위원이 │
│   되어야 한다. │
└───┘

① 병식, 정연
② 정연, 무남
③ 병식, 무남
④ 정연, 기은

20. A고등학교의 신입교사 기중, 태호, 신혜, 수란, 찬호 다섯 명 중 네 명이 각각 1학년 1, 2, 3, 4반을 담임을 맡게 된다. 결과에 대해 각자가 예측한 것이 다음과 같고, 이들의 예측 중 한 명의 예측을 제외하고 모두 결과와 일치했을 때, 옳은 것은?

┌───┐
│ 기중 : 태호는 3반이 아닌 다른 반의 담임이 될 것이다. │
│ 태호 : 수란이가 1반의 담임이 될 것이다. │
│ 신혜 : 태호의 말은 참일 것이다. │
│ 수란 : 신혜의 예측은 틀렸을 것이다. │
│ 찬호 : 신혜가 4반의 담임이고, 기중이는 담임을 맡지 않을 │
│   것이다. │
└───┘

① 기중은 담임을 맡지 않는다.
② 태호는 1반의 담임이다.
③ 신혜는 3반의 담임이다.
④ 수란은 2반의 담임이다.

21. 바구니에 4개의 당첨 제비를 포함한 10개의 제비가 들어있다. 이 중에서 갑이 먼저 한 개를 뽑고, 다음에 을이 한 개의 제비를 뽑는다고 할 때, 을이 당첨제비를 뽑을 확률은? (단, 한 번 뽑은 제비는 바구니에 다시 넣지 않는다.)

① 0.2
② 0.3
③ 0.4
④ 0.5

22. 직장에서 병원에 갈 때는 60km/h로 가고, 병원에서 집에 갈 때는 30km/h로 간다. 직장에서 병원의 거리가 10km이고, 병원에서 집의 거리가 15km라면 직장에서 집까지 가는데 걸리는 시간은 얼마인가?

① 20분
② 30분
③ 40분
④ 50분

23. 아버지와 아들의 나이 합이 66세이고 12년 후에는 아버지의 나이가 아들의 나이의 2배가 될 때, 현재 아들의 나이는?

① 17세
② 18세
③ 19세
④ 20세

24. 페인트 한 통과 벽지 5묶음으로 $51m^2$의 넓이를 도배할 수 있고, 페인트 한 통과 벽지 3묶음으로는 $39m^2$를 도배할 수 있다고 한다. 이때, 페인트 2통과 벽지 2묶음으로 도배할 수 있는 넓이는?

① $45m^2$
② $48m^2$
③ $51m^2$
④ $54m^2$

25. 두 자리의 자연수가 있다. 십의 자리의 숫자의 2배는 일의 자리의 숫자보다 1이 크고, 십의 자리의 숫자와 일의 자리의 숫자를 바꾼 자연수는 처음 수보다 9가 크다고 한다. 이를 만족하는 자연수는?

① 11
② 23
③ 35
④ 47

26. 구리와 아연을 $4:3$의 비율로 섞은 합금 A와 구리와 아연을 $2:3$으로 섞은 합금 B가 있다. 이 두 종류의 합금을 녹여 구리와 아연을 $10:9$의 비율로 섞은 합금 950g을 만들려고 한다. 필요한 두 합금 A, B의 양을 각각 구하면?

① A=400g, B=550g
② A=500g, B=450g
③ A=650g, B=300g
④ A=700g, B=250g

27. A, B 두 사람이 가위바위보를 하여 이긴 사람은 세 계단씩 올라가고 진 사람은 한 계단씩 내려가기로 하였다. 이 게임이 끝났을 때 A는 처음보다 27계단, B는 7계단 올라가 있었다. A가 이긴 횟수는?

① 8회
② 9회
③ 10회
④ 11회

28. 어떤 학교의 운동장은 둘레의 길이가 200m이다. 경석이는 자전거를 타고, 나영이는 뛰어서 이 운동장을 돌고 있다. 두 사람이 같은 지점에서 동시에 출발하여 같은 방향으로 운동장을 돌면 1분 40초 뒤에 처음으로 다시 만나고, 서로 반대 방향으로 돌면 40초 뒤에 처음으로 다시 만난다. 경석이의 속력은 나영이의 속력의 몇 배인가?

① $\dfrac{3}{7}$ 배
② $\dfrac{1}{2}$ 배
③ $\dfrac{7}{3}$ 배
④ $\dfrac{8}{3}$ 배

29. 원가가 2,200원인 상품을 3할의 이익이 남도록 정가를 책정하였다. 하지만 판매부진으로 정가의 몇 할을 할인하여 판매하였고, 후에 손익을 계산하니 484원의 손해를 보았다. 그렇다면 정가의 몇 할을 할인한 것인가?

① 1할
② 2할
③ 3할
④ 4할

30. 8%의 소금물 200g에서 한 컵의 소금물을 떠내고 떠낸 양만큼의 물을 부은 다음 다시 2%의 소금물을 더 넣었더니 3%의 소금물 320g이 되었다. 이때, 떠낸 소금물의 양은?

① 110g
② 120g
③ 130g
④ 140g

31. 다음 〈표〉는 ○○은행 직원들의 지난 달 상품 신규 가입 실적 현황을 나타낸 자료이다. 이에 대한 설명 중 옳은 것을 모두 고르면?

〈표〉 ○○은행 직원별 상품 신규 가입 실적 현황

구분 \ 직원	A	B	C	D	E	F
성별	남	남	여	남	여	남
실적(건)	0	2	6	4	8	10

㉠ 직원들의 평균 실적은 5건이다.
㉡ 남자면서 실적이 5건 이상인 직원 수는 전체 남자 직원 수의 50% 이상이다.
㉢ 실적이 2건 이상인 직원 중 남자 직원의 비율은 전체 직원 중 여자 직원 비율의 2배 이상이다.
㉣ 여자 직원이거나 실적이 7건 이상인 직원 수는 전체 직원 수의 50% 이상이다.

① ㉠, ㉡
② ㉠, ㉢
③ ㉠, ㉣
④ ㉡, ㉢

32. 다음은 어느 기업의 직원채용절차에 대한 자료이다. 이를 근거로 1일 총 접수건수를 처리하기 위한 각 업무단계별 총 처리비용이 두 번째로 큰 업무단계는?

☐ 직원채용절차
• 신입 : 접수확인 → 인적성(Lv1)평가 → 인적성(Lv2)평가 → 합격여부통지
• 경력 : 접수확인 → 인적성(Lv2)평가 → 합격여부통지
• 인턴 : 접수확인 → 직무능력평가 → 합격여부통지

☐ 접수건수 및 처리비용

〈지원유형별 1일 접수건수〉

지원유형	접수(건)
신입	20
경력	18
인턴	16
–	–
계	54

〈업무단계별 1건당 처리비용〉

업무단계	처리비용(원)
접수확인	500
인적성(Lv1)평가	2,000
인적성(Lv2)평가	1,000
직무능력평가	1,500
합격여부통지	400

※ 직원채용절차에서 중도탈락자는 없음.
※ 업무단계별 1건당 처리비용은 지원유형에 관계없이 동일함.

① 접수확인
② 인적성(Lv1)평가
③ 인적성(Lv2)평가
④ 직무능력검사

33. 다음은 ○○은행에서 투자를 검토하고 있는 사업평가 자료인데, 직원의 실수로 일부가 훼손되었다. 다음 중 ㈎, ㈏, ㈐, ㈑에 들어갈 수 있는 수치는? (단, 인건비와 재료비 이외의 투입요소는 없다)

구분	목표량	인건비	재료비	산출량	효과성 순위	효율성 순위
A	㈎	200	50	500	3	2
B	1,000	㈏	200	1,500	2	1
C	1,500	1,200	㈐	3,000	1	3
D	1,000	300	500	㈑	4	4

※ 효율성 = 산출 / 투입

※ 효과성 = 산출 / 목표

	㈎	㈏	㈐	㈑
①	300	500	800	800
②	500	800	300	800
③	800	500	300	300
④	500	300	800	800

34. A사와 B사는 신제품을 공동개발하여 판매한 총 순이익을 다음과 같은 기준에 의해 분배하기로 약정하였다. 다음 중 옳은 설명은?

> ㈎ A사와 B사는 총 순이익에서 각 회사 제조원가의 10%에 해당하는 금액을 우선 각자 분배받는다.
>
> ㈏ 총 순이익에서 위 ㈎의 금액을 제외한 나머지 금액에 대한 분배기준은 연구개발비, 판매관리비, 광고홍보비 중 어느 하나로 결정하며, 각 회사가 지출한 비용에 비례하여 분배액을 정하기로 한다.
>
> ㈐ 신제품 개발과 판매에 따른 비용과 총 순이익은 다음과 같다.
>
> (단위 : 억 원)
>
> | 구분 | A사 | B사 |
> |------|------|------|
> | 제조원가 | 200 | 600 |
> | 연구개발비 | 100 | 300 |
> | 판매관리비 | 200 | 200 |
> | 광고홍보비 | 300 | 150 |
> | 총 순이익 | 200 | |

① 분배받는 순이익을 극대화하기 위한 분배기준으로, A사는 광고홍보비를, B사는 연구개발비를 선호할 것이다.

② 연구개발비가 분배기준이 된다면, 총 순이익에서 B사가 분배받는 금액은 A사의 2배이다.

③ 판매관리비가 분배기준이 된다면, 총 순이익에서 A사와 B사가 분배받는 금액은 동일하다.

④ 광고홍보비가 분배기준이 된다면, 총 순이익에서 A사가 분배받는 금액은 B사보다 많다.

35. 다음은 A 지역의 남성 성인병과 비만에 대한 그래프이다. 이 지역의 남성 중 30%가 성인병을 앓고 있다고 할 때 비만인 남성 중 성인병을 앓고 있는 남성의 비율은?

성인병이 있는 남성의 비만여부

비만아님 20%
비만 80%

성인병이 없는 남성의 비만여부

비만 40%
비만아님 60%

① 약 31% ② 약 36%

③ 약 41% ④ 약 46%

| 36~37 | 다음은 지방자치단체별 재정지수에 관한 표이다. 물음에 답하시오.

(단위 : 십억 원)

자치 단체명	기준재정 수입액	기준재정 수요액	재정자립도
A	4,520	3,875	92%
B	1,342	1,323	79%
C	892	898	65%
D	500	520	72%
E	2,815	1,620	69%
F	234	445	18%
G	342	584	29%
H	185	330	30%
I	400	580	35%
J	82	164	31%

※ 재정력지수 = $\dfrac{\text{기준재정 수입액}}{\text{기준재정 수요액}}$

36. 다음 설명 중 옳지 않은 것은?

① 자치단체 F의 재정력지수는 자치단체 I보다 작다.

② 표에서 재정자립도가 가장 낮은 자치단체는 F이다.

③ 기준재정 수입액과 기준재정 수요액이 가장 높은 자치단체의 재정자립도가 가장 높다.

④ 자치단체 A, B, D, E의 재정력지수는 모두 1보다 크다.

37. 다음 중 재정자립도가 가장 높은 곳은?

① A ② B

③ C ④ D

38. 다음은 2025년 인구 상위 10개국과 2075년 예상 인구 상위 10개국에 대한 자료이다. 이에 대한 보기의 설명 중 옳지 않은 것을 모두 고른 것은?

〈표〉 2025년 인구 상위 10개국과 2075년 예상 인구 상위 10개국

(단위 : 백만 명)

구분 순위	2025년		2075년	
	국가	인구	국가	인구
1위	중국	1,311	인도	1,628
2위	인도	1,122	중국	1,437
3위	미국	299	미국	420
4위	인도네시아	225	나이지리아	299
5위	브라질	187	파키스탄	295
6위	파키스탄	166	인도네시아	285
7위	방글라데시	147	브라질	260
8위	러시아	146	방글라데시	231
9위	나이지리아	135	콩고	196
10위	일본	128	에티오피아	145

〈보기〉

㉠ 2025년 대비 2075년 인도의 인구는 중국의 인구보다 증가율이 낮을 것으로 예상된다.
㉡ 2025년 대비 2075년 미국의 인구는 중국의 인구보다 증가율이 낮을 것으로 예상된다.
㉢ 2025년 대비 2075년 콩고의 인구는 50% 이상 증가할 것으로 예상된다.
㉣ 2025년 대비 2075년 러시아의 인구는 감소할 것으로 예상된다.

① ㉠㉡
② ㉠㉣
③ ㉡㉣
④ ㉢㉣

┃39~40┃ 〈표 1〉은 대재이상 학력자의 3개월간 일반도서 구입량에 대한 표이고 〈표 2〉는 20대 이하 인구의 3개월간 일반도서 구입량에 대한 표이다. 물음에 답하시오.

〈표 1〉 대재이상 학력자의 3개월간 일반도서 구입량

	2022년	2023년	2024년	2025년
사례 수	255	255	244	244
없음	41%	48%	44%	45%
1권	16%	10%	17%	18%
2권	12%	14%	13%	16%
3권	10%	6%	10%	8%
4~6권	13%	13%	13%	8%
7권 이상	8%	8%	3%	5%

〈표 2〉 20대 이하 인구의 3개월간 일반도서 구입량

	2022년	2023년	2024년	2025년
사례 수	491	545	494	481
없음	31%	43%	39%	46%
1권	15%	10%	19%	16%
2권	13%	16%	15%	17%
3권	14%	10%	10%	7%
4~6권	17%	12%	13%	9%
7권 이상	10%	8%	4%	5%

39. 2024년 대재이상 학력자의 3개월간 일반도서 구입량이 7권 이상인 경우의 사례는 몇 건인가? (소수 둘째 자리에서 반올림할 것)

① 7.3건
② 7.4건
③ 7.5건
④ 7.6건

40. 주어진 표에 대한 설명으로 옳지 않은 것은?

① 20대 이하 인구가 3개월간 1권 이상 구입한 일반도서량은 해마다 증가하고 있다.

② 20대 이하 인구가 3개월간 일반도서 7권 이상 읽은 비중이 가장 낮다.

③ 20대 이하 인구가 3권 이상 6권 이하로 일반도서 구입하는 량은 해마다 감소하고 있다.

④ 대재이상 학력자가 3개월간 일반도서 1권 구입하는 것보다 한 번도 구입한 적이 없는 경우가 더 많다.

41. 다음 ▲ 표시된 곳의 숫자에서부터 시계방향으로 진행하면서 숫자와의 관계를 고려하여 ? 표시된 곳에 들어갈 알맞은 숫자를 고르시오.

?	3	5
18	▲	10
20	10	8

① 16 ② 18

③ 20 ④ 22

|42~43| 다음 ? 표시된 부분에 들어갈 숫자를 고르시오.

42.

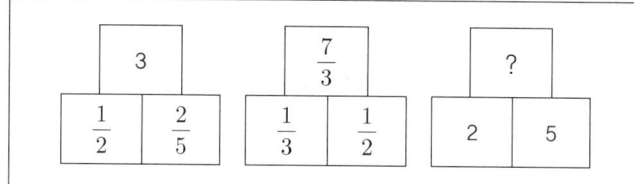

① $\dfrac{11}{5}$ ② $\dfrac{17}{5}$

③ $\dfrac{11}{2}$ ④ $\dfrac{17}{2}$

43.

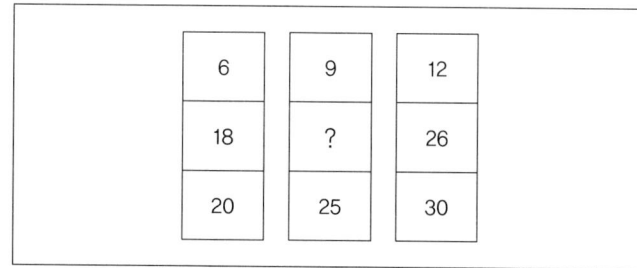

① 21 ② 22

③ 23 ④ 24

|44~50| 다음의 제시된 숫자의 배열을 보고 규칙을 적용하여 빈칸에 들어갈 알맞은 숫자를 고르시오.

44.

1	1	3	5	9	15	( )

① 25 ② 34

③ 42 ④ 56

45.

	1	2	2	4	8	32	( )

① 44 ② 37

③ 114 ④ 256

46.

	$\frac{1}{10}$	$\frac{4}{20}$	$\frac{7}{30}$	( )	$\frac{13}{50}$	$\frac{16}{60}$

① $\frac{8}{40}$ ② $\frac{9}{40}$

③ $\frac{10}{40}$ ④ $\frac{11}{40}$

47.

	1	$\frac{2}{4}$	$\frac{3}{10}$	( )	$\frac{5}{31}$	$\frac{6}{46}$

① $\frac{4}{19}$ ② $\frac{4}{20}$

③ $\frac{4}{21}$ ④ $\frac{4}{22}$

48.

	1	2	−1	8	( )	62

① 19 ② −19

③ 24 ④ −24

49.

	2	3	7	34	290	( )

① 3415 ② 2675

③ 4208 ④ 5507

50.

3 5 12	4 7 25	5 6 27	6 7 ( )

① 36 ② 39

③ 44 ④ 54

51. 다음 등호의 왼쪽과 오른쪽 그림은 동일한 성질을 갖는 도형이다. ( ) 안에 들어갈 도형의 모양으로 옳은 것은?

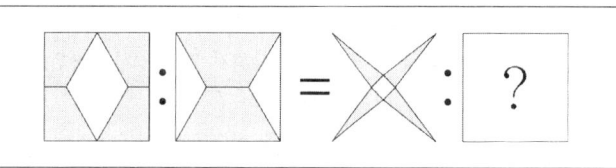

①   ②

③   ④

52. 다름 그림에서 검은 색 점들이 일정한 규칙으로 배열되어 있을 때, ( ) 안에 들어갈 모양으로 가장 알맞은 것은?

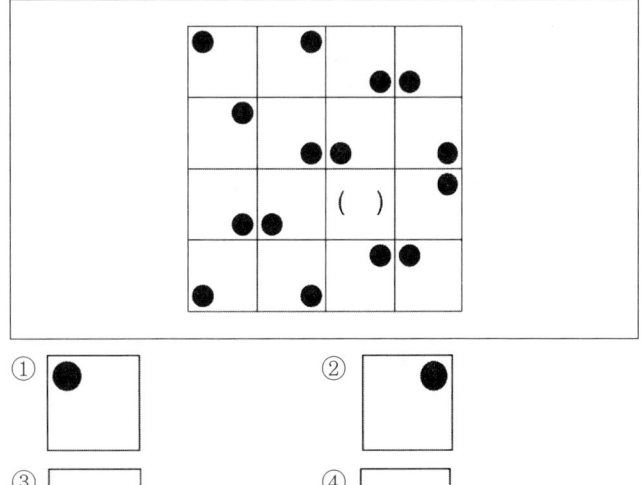

① ② ③ ④

53. 다음과 같이 정사각형 내부의 각 칸에는 숫자가 적혀져 있다. 문자 A, B, C는 이들 숫자를 일정한 규칙으로 변화시키는 코드이다. 위 변환규칙에 따라 아래 숫자가 적혀져 있는 정사각형을 코드에 따라 변화시켰을 때 결과로 옳은 것은?

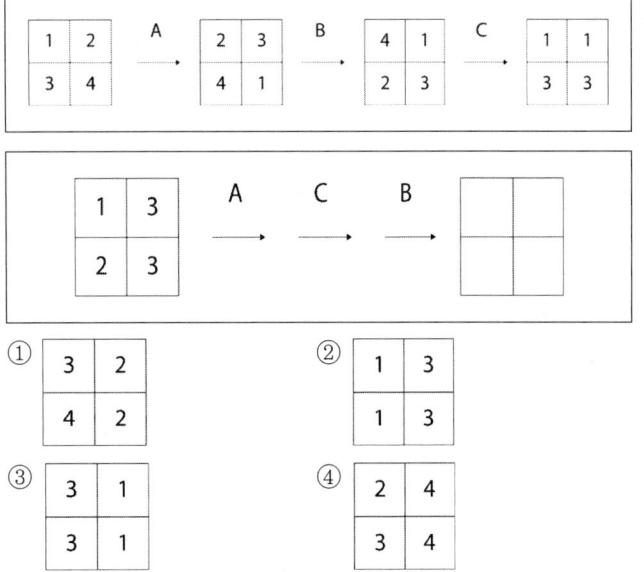

54. 일정한 규칙에 의해 다음과 같이 도형이 나열되었을 때 ( ) 안에 알맞은 것은?

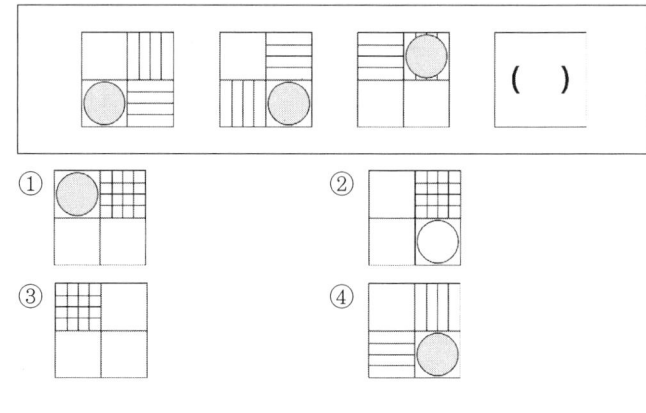

① ② ③ ④

55. 다음 제시된 도형들 사이에는 일정한 규칙이 적용되고 있다. 도형의 규칙을 찾아 A와 B에 들어갈 알맞은 도형을 고르시오.

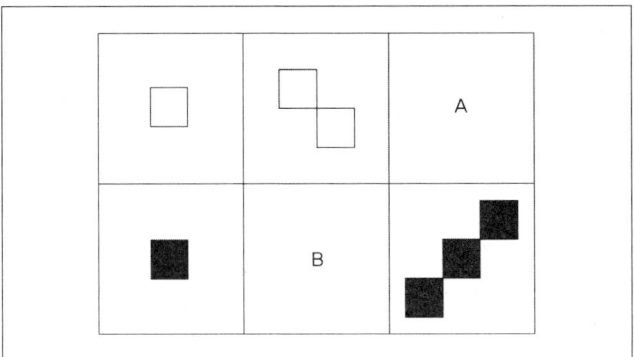

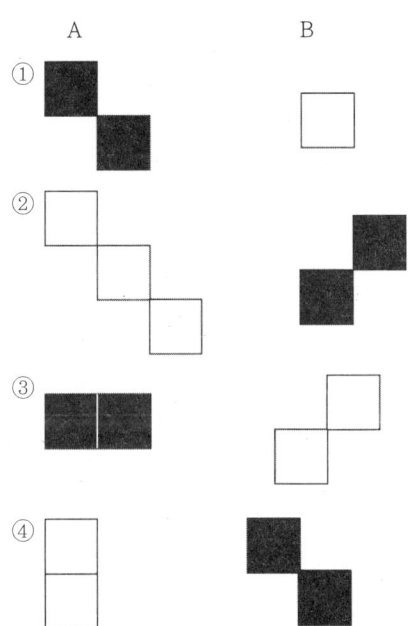

56. 다음 도형들의 일정한 규칙을 찾아 ? 표시된 부분에 들어갈 도형을 고르시오.

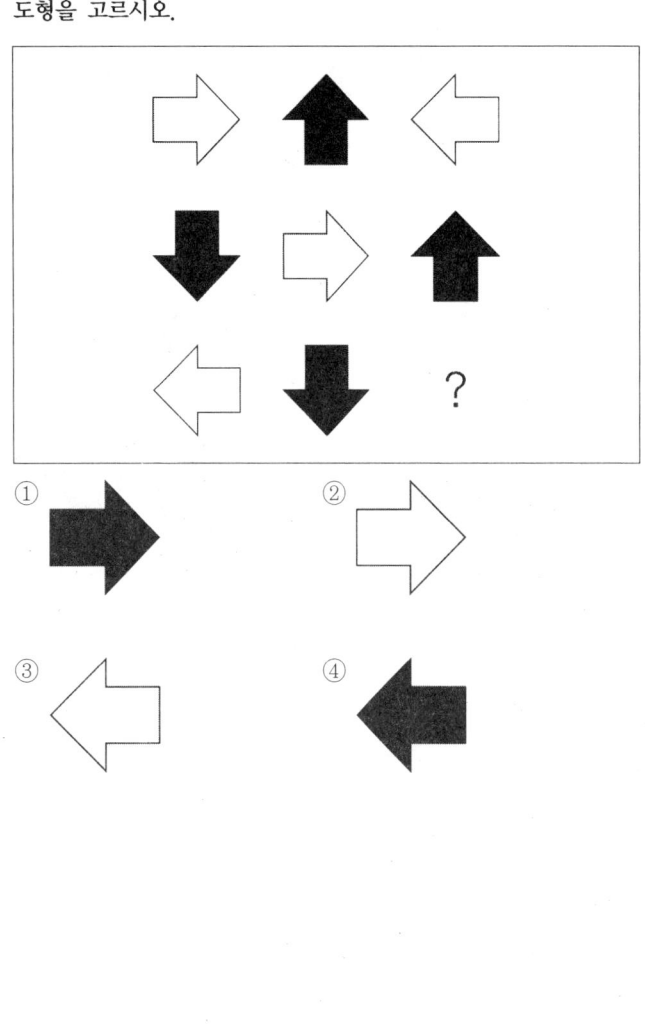

57. 제시된 도형을 회전시켰을 때, 다른 도형은 어느 것인가?

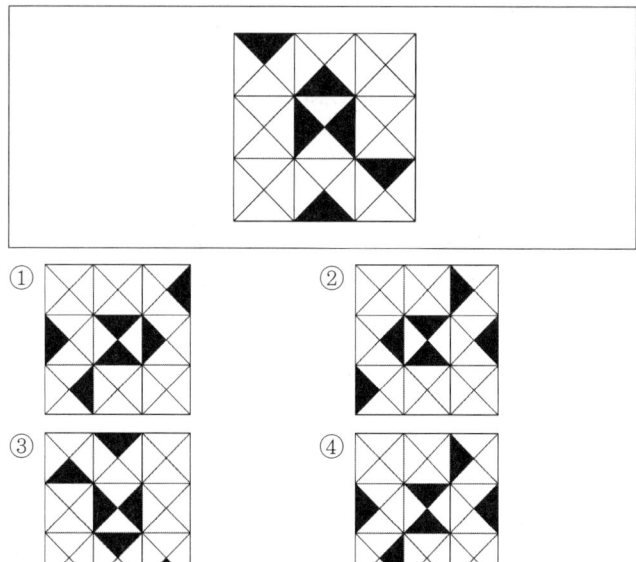

① ② ③ ④

58. 다음 제시된 도형의 관계를 파악하여 '?'에 들어갈 도형을 고르시오.

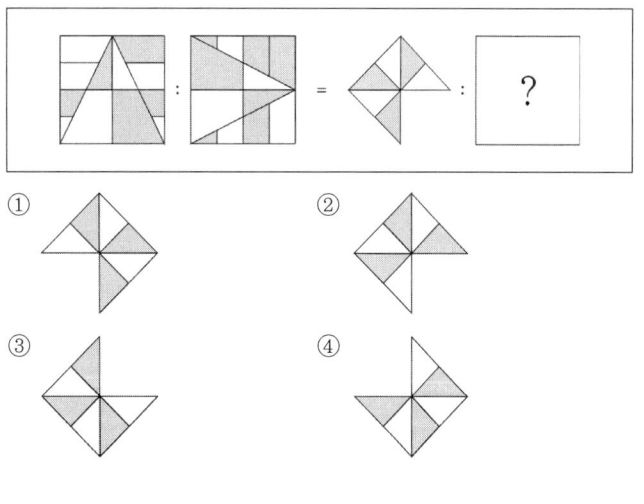

① ② ③ ④

59. 다음 도형들의 일정한 규칙을 찾아 ? 표시된 부분에 들어갈 도형을 고르시오.

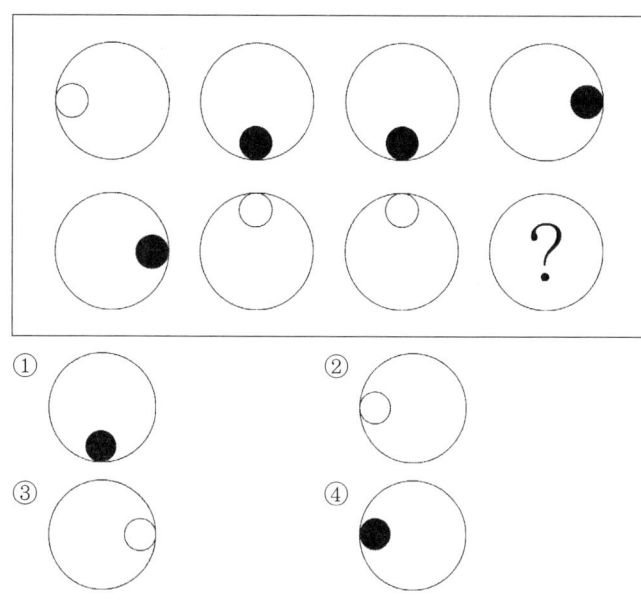

① ② ③ ④

60. 다음 제시된 도형의 관계를 파악하여 '?'에 들어갈 도형을 고르시오.

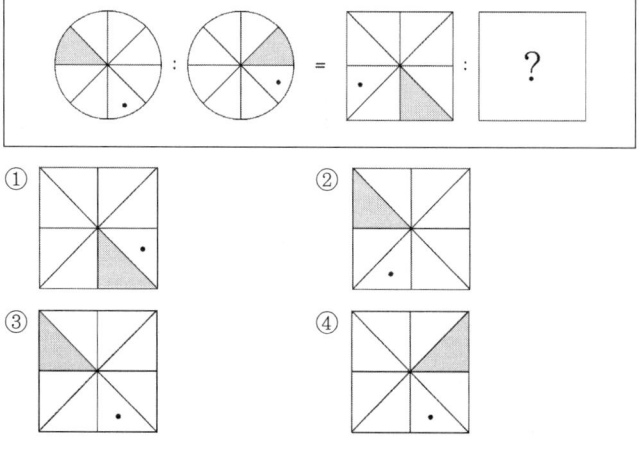

① ② ③ ④

61. 다음 입체도형의 전개도로 알맞은 것은?

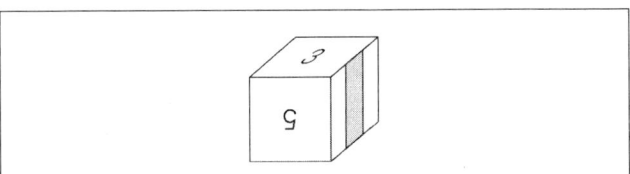

①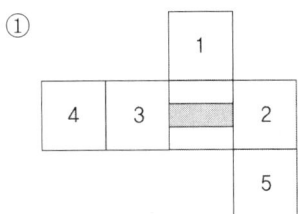

②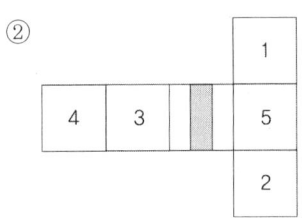

③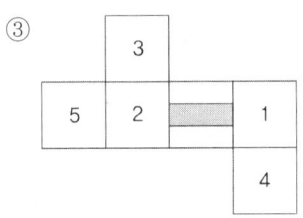

④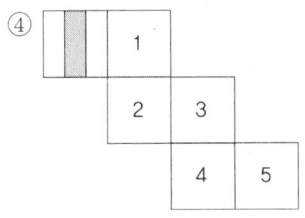

62. 다음 전개도로 만든 입체도형으로 알맞은 것은?(단, 기호 및 문자(예 : ♤, ☎, ♨, K, H)의 회전에 의한 효과는 본 문제의 풀이 과정에 반영하지 않음)

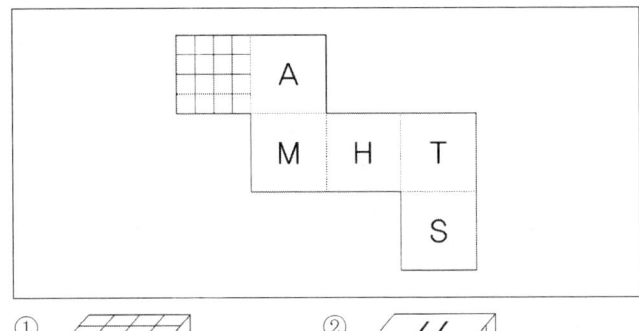

①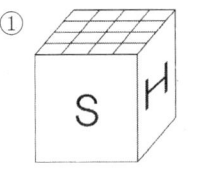

②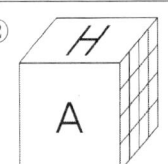

③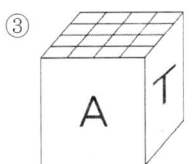

④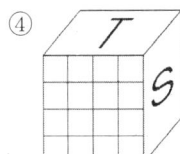

63. 다음 아래에 제시된 그림과 같이 쌓기 위해 필요한 블록의 수를 고르시오.

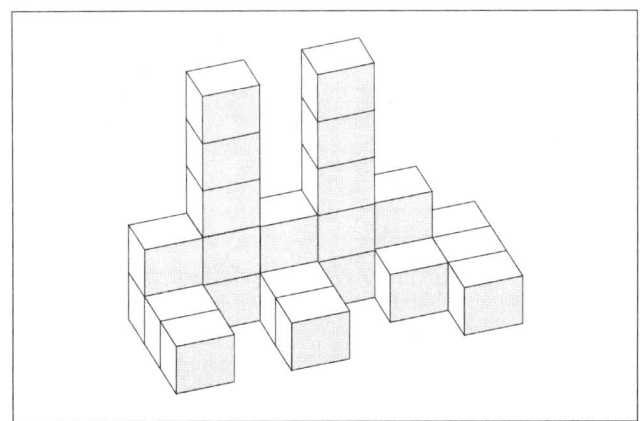

① 23   ② 24

③ 25   ④ 26

64. 다음에 제시된 블록들을 화살표 표시한 방향에서 바라봤을 때의 모양으로 알맞은 것을 고르시오.

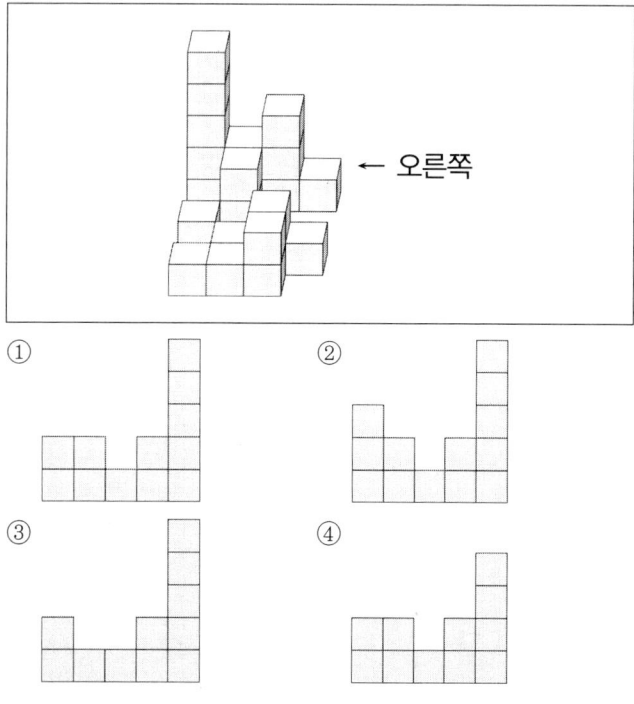

← 오른쪽

① ② ③ ④

65. 다음 제시된 두 도형을 결합했을 때 만들 수 없는 형태를 고르시오.

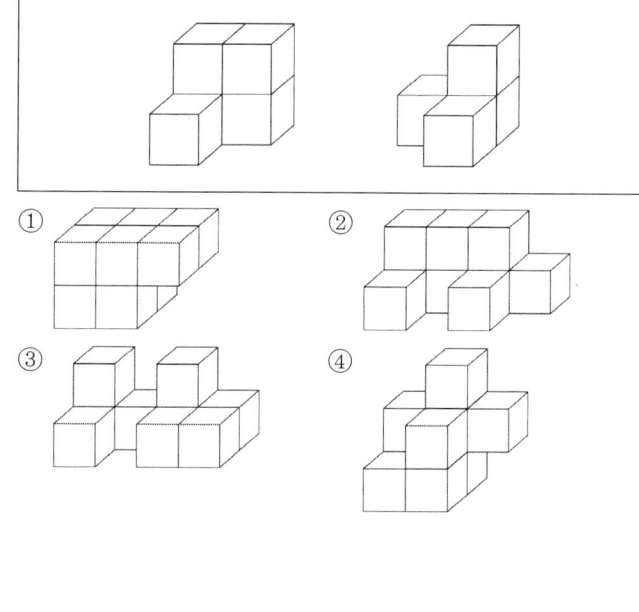

① ② ③ ④

66. 다음과 같이 화살표 방향으로 종이를 접어 가위로 잘라낸 뒤 펼쳤을 때 나오는 조각들 중 가장 큰 것의 모양은?

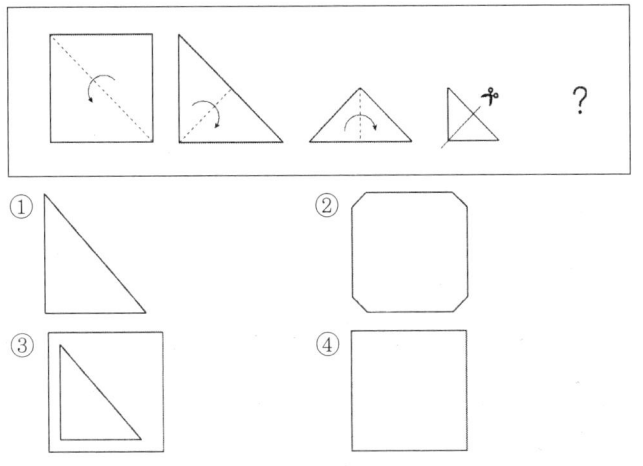

67. 다음과 같이 종이를 접은 후 구멍을 뚫고 펼친 뒤의 그림으로 옳은 것을 고르시오.

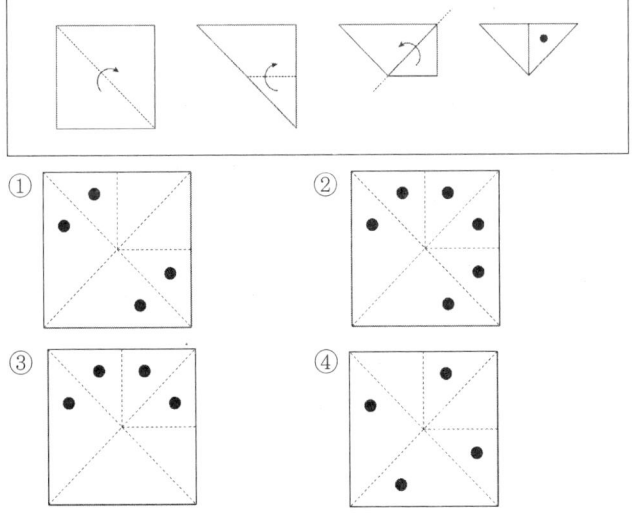

68. 다음 전개도로 만든 입체도형으로 알맞은 것은?(단, 기호 및 문자(예 : ♤, ☎, ♨, K, H)의 회전에 의한 효과는 본 문제의 풀이 과정에 반영하지 않음)

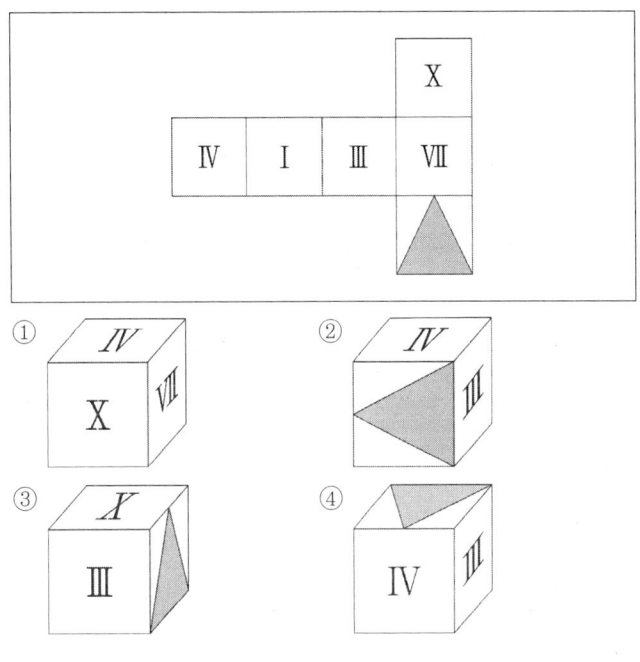

69. 다음 입체도형의 전개도로 알맞은 것은?

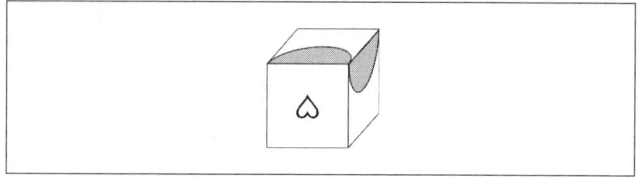

①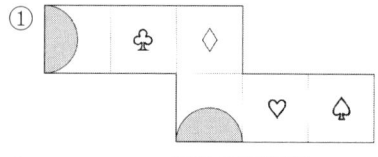

②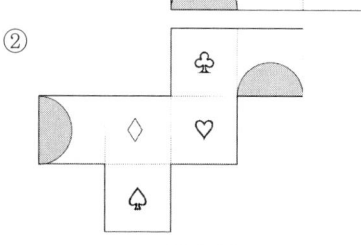

③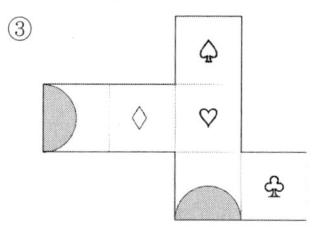

④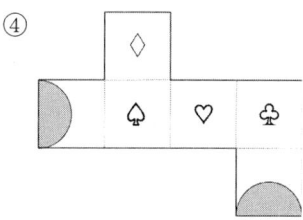

70. 다음 아래에 제시된 그림과 같이 쌓기 위해 필요한 블록의 수를 고르시오.

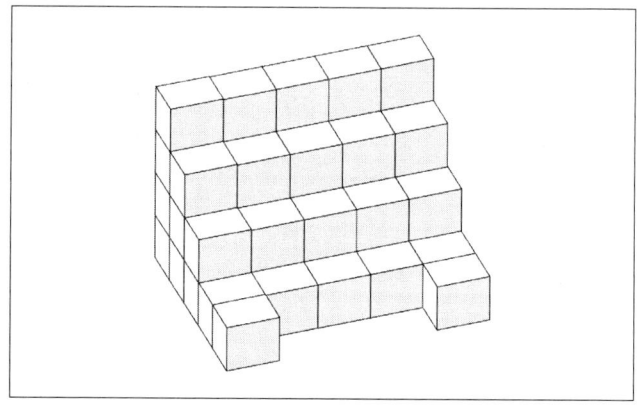

① 46   ② 48

③ 50   ④ 52

KAC공항서비스 필기시험 적성검사

선 취 절

	1	2	3	4			1	2	3	4			1	2	3	4			1	2	3	4
1	①	②	③	④		21	①	②	③	④		41	①	②	③	④		61	①	②	③	④
2	①	②	③	④		22	①	②	③	④		42	①	②	③	④		62	①	②	③	④
3	①	②	③	④		23	①	②	③	④		43	①	②	③	④		63	①	②	③	④
4	①	②	③	④		24	①	②	③	④		44	①	②	③	④		64	①	②	③	④
5	①	②	③	④		25	①	②	③	④		45	①	②	③	④		65	①	②	③	④
6	①	②	③	④		26	①	②	③	④		46	①	②	③	④		66	①	②	③	④
7	①	②	③	④		27	①	②	③	④		47	①	②	③	④		67	①	②	③	④
8	①	②	③	④		28	①	②	③	④		48	①	②	③	④		68	①	②	③	④
9	①	②	③	④		29	①	②	③	④		49	①	②	③	④		69	①	②	③	④
10	①	②	③	④		30	①	②	③	④		50	①	②	③	④		70	①	②	③	④
11	①	②	③	④		31	①	②	③	④		51	①	②	③	④						
12	①	②	③	④		32	①	②	③	④		52	①	②	③	④						
13	①	②	③	④		33	①	②	③	④		53	①	②	③	④						
14	①	②	③	④		34	①	②	③	④		54	①	②	③	④						
15	①	②	③	④		35	①	②	③	④		55	①	②	③	④						
16	①	②	③	④		36	①	②	③	④		56	①	②	③	④						
17	①	②	③	④		37	①	②	③	④		57	①	②	③	④						
18	①	②	③	④		38	①	②	③	④		58	①	②	③	④						
19	①	②	③	④		39	①	②	③	④		59	①	②	③	④						
20	①	②	③	④		40	①	②	③	④		60	①	②	③	④						

명	
성	

수험번호							
⊖	⊖	⊖	⊖	⊖	⊖	⊖	⊖
①	①	①	①	①	①	①	①
②	②	②	②	②	②	②	②
③	③	③	③	③	③	③	③
④	④	④	④	④	④	④	④
⑤	⑤	⑤	⑤	⑤	⑤	⑤	⑤
⑥	⑥	⑥	⑥	⑥	⑥	⑥	⑥
⑦	⑦	⑦	⑦	⑦	⑦	⑦	⑦
⑧	⑧	⑧	⑧	⑧	⑧	⑧	⑧
⑨	⑨	⑨	⑨	⑨	⑨	⑨	⑨

KAC 공항서비스

제5회 모의고사

성명		생년월일	
문제 수(배점)	70문항	풀이시간	/ 60분
영역	직업기초능력평가		
비고	객관식 4지선다형		

1. 다음 제시된 단어와 유사한 의미를 가진 단어를 고르시오.

요량없다

① 오달지다   ② 주책없다

③ 저뭇하다   ④ 주저하다

2. 다음 주어진 단어와 반대 또는 상대되는 단어를 고르시오.

조악하다

① 우아하다   ② 섬세하다

③ 조잡하다   ④ 단아하다

3. 다음에 제시된 문장의 밑줄 친 부분과 같은 의미로 쓰인 것을 고르시오.

내 <u>얼굴</u>을 봐서라도 열심히 일해라.

① <u>얼굴</u>에 피곤함이 가득하다.

② <u>얼굴</u>에 무얼 묻히고 다니니?

③ 네가 우리 반 <u>얼굴</u>이다.

④ <u>얼굴</u>이 그게 뭐니?

4. 다음을 읽고, 빈칸에 들어갈 내용으로 가장 알맞은 것을 고르시오.

> 나는 우리나라가 세계에서 가장 아름다운 나라가 되기를 원한다. 가장 부강한 나라가 되기를 원하는 것은 아니다. 내가 남의 침략에 가슴이 아팠으니 내 나라가 남을 침략하는 것을 원치 아니한다. 우리의 부력(富力)은 우리의 생활을 풍족히 할 만하고 우리의 강력(强力)은 남의 침략을 막을 만하면 족하다. 오직 한없이 가지고 싶은 것은 높은 문화의 힘이다. 문화의 힘은 우리 자신을 행복하게 하고 나아가서 남에게 행복을 주기 때문이다.
>
> 지금 인류에게 부족한 것은 무력도 아니요, 경제력도 아니다. 자연과학의 힘은 아무리 많아도 좋으나 인류 전체로 보면 현재의 자연과학만 가지고도 편안히 살아가기에 넉넉하다. 인류가 현재에 불행한 근본 이유는 _____ 이 마음만 발달이 되면 현재의 물질력으로 20억이 다 편안히 살아갈 수 있을 것이다. 인류의 이 정신을 배양하는 것은 오직 문화이다.

① 인의가 부족하고 자비가 부족하고 사랑이 부족하기 때문이다.

② 지나치게 발달한 산업화 때문이다.

③ 남의 침략을 막을 수 있을만한 무력이 없기 때문이다.

④ 강대국에 비해 과학의 힘과 경제력이 부족하기 때문이다.

5. 다음에 해당하는 언어의 기능은?

이 기능은 우리가 세계를 이해하는 정도에 비례하여 수행된다. 그러면 세계를 이해한다는 것은 무엇인가? 그것은 이 세상에 존재하는 사물에 대하여 이름을 부여함으로써 발생하는 것이다. 여기 한 그루의 나무가 있다고 하자. 그런데 그것을 나무라는 이름으로 부르지 않는 한 그것은 나무로서의 행세를 못한다. 인류의 지식이라는 것은 인류가 깨달아 알게 되는 모든 대상에 대하여 이름을 붙이는 작업에서 형성되는 것이라고 말해도 좋다. 어떤 사물이건 거기에 이름이 붙으면 그 사물의 개념이 형성된다. 다시 말하면, 그 사물의 의미가 확정된다. 그러므로 우리가 쓰고 있는 언어는 모두가 사물을 대상화하여 그것에 의미를 부여하는 이름이라고 할 수 있다.

① 정보적 기능
② 친교적 기능
③ 명령적 기능
④ 관어적 기능

6. 강연의 내용을 고려할 때 ㉠에 대한 대답으로 가장 적절한 것은?

여러분 안녕하세요. 저는 타이포그래피 디자이너 ○○○입니다. 이렇게 사내 행사에 초청받아 타이포그래피에 대해 소개하게 되어 무척 기쁩니다.

타이포그래피는 원래 인쇄술을 뜻했지만 지금은 그 영역이 확대되어 문자로 구성하는 디자인 전반을 가리킵니다. 타이포그래피에는 언어적 기능과 조형적 기능이 있는데요, 그 각각을 나누어 말씀드리겠습니다.

먼저 타이포그래피의 언어적 기능은 글자 자체가 가지고 있는 의미전달에 중점을 두는 기능을 말합니다. 의미를 정확하게 전달하기 위해서는 가독성을 높이는 일이 무엇보다 중요하지요. (화면의 '작품1'을 가리키며) 이것은 여러분들도 흔히 보셨을 텐데요, 학교 앞 도로의 바닥에 적혀 있는 '어린이 보호 구역'이라는 글자입니다. 운전자에게 주의하며 운전하라는 의미를 전달해야 하므로 이런 글자는 무엇보다도 가독성이 중요하겠지요? 그래서 이 글자들은 전체적으로 크면서도 세로로 길게 디자인하여 운전 중인 운전자에게 글자가 쉽게 인식될 수 있도록 제작한 것입니다.

이어서 타이포그래피의 조형적 기능을 살펴보겠습니다. 타이포그래피의 조형적 기능이란 글자를 재료로 삼아 구체적인 형태의 외형적 아름다움을 전달하는 기능을 말합니다. (화면의 '작품2'를 가리키며) 이 작품은 '등'이라는 글씨의 받침 글자 'ㅇ'을 전구 모양으로 만들었어요. 그리고 받침 글자를 중심으로 양쪽에 사선을 그려 넣고 사선의 위쪽을 검은색으로 처리했어요. 이렇게 하니까 마치 갓이 씌워져 있는 전등에서 나온 빛이 아래쪽을 환하게 밝히고 있는 그림처럼 보이지요. 이렇게 회화적 이미지를 첨가하면 외형적 아름다움뿐만 아니라 글자가 나타내는 의미까지 시각화하여 전달할 수 있습니다.

(화면의 '작품3'을 가리키며) 이 작품은 '으'라는 글자 위아래를 뒤집어 나란히 두 개를 나열했어요. 그러니까 꼭 사람의 눈과 눈썹을 연상시키네요. 그리고 'ㅇ' 안에 작은 동그라미를 세 개씩 그려 넣어서 눈이 반짝반짝 빛나고 있는 듯한 모습을 표현했습니다. 이것은 글자의 의미와는 무관하게 글자의 형태만을 활용하여 제작자의 신선한 발상을 전달하기 위한 작품이라고 할 수 있습니다.

지금까지 작품들을 하나씩 보여 드리며 타이포그래피를 소개해 드렸는데요, 한번 정리해 봅시다. (화면에 '작품1', '작품2', '작품3'을 한꺼번에 띄워 놓고) ㉠좀 전에 본 작품들은 타이포그래피의 어떤 기능에 중점을 둔 것일까요?

① '작품1'은 운전자가 쉽게 읽을 수 있도록 글자를 제작하였으므로 타이포그래피의 언어적 기능에 중점을 둔 것이라 할 수 있습니다.

② '작품2'는 글자가 나타내는 의미와 상관없이 글자를 작품의 재료로만 활용하고 있으므로 타이포그래피의 조형적 기능에 중점을 둔 것이라 할 수 있습니다.

③ '작품3'은 회화적 이미지를 활용하여 글자의 외형적 아름다움을 표현했으므로 타이포그래피의 언어적 기능에 중점을 둔 것이라 할 수 있습니다.

④ '작품1'과 '작품2'는 모두 글자의 색을 화려하게 사용하여 의미를 정확하게 전달하고 있으므로 타이포그래피의 언어적 기능에 중점을 둔 것이라 할 수 있습니다.

7. 다음 두 글에서 공통적으로 말하고자 하는 것은?

(가) 많은 사람들이 기대했던 우주왕복선 챌린저는 발사 후 1분 13초만에 폭발하고 말았다. 사건조사단에 의하면, 사고원인은 챌린저 주엔진에 있던 O - 링에 있었다. O - 링은 디오콜사가 NASA로부터 계약을 따내기 위해 저렴한 가격으로 생산될 수 있도록 설계되었다. 하지만 첫 번째 시험에 들어가면서부터 설계상의 문제가 드러나기 시작하였다. NASA의 엔지니어들은 그 문제점들을 꾸준히 제기했으나, 비행시험에 실패할 정도의 고장이 아니라는 것이 디오콜사의 입장이었다. 하지만 O - 링을 설계했던 과학자도 문제점을 인식하고 문제가 해결될 때까지 챌린저 발사를 연기하도록 회사 매니저들에게 주지시키려 했지만 거부되었다. 한 마디로 그들의 노력이 미흡했기 때문이다.

(나) 과학의 연구 결과는 사회에서 여러 가지로 활용될 수 있지만, 그 과정에서 과학자의 의견이 반영되는 일은 드물다. 과학자들은 자신이 책임질 수 없는 결과를 이 세상에 내놓는 것과 같다. 과학자는 자신이 개발한 물질을 활용하는 과정에서 나타날 수 있는 위험성을 충분히 알리고 그런 물질의 사용에 대해 사회적 합의를 도출하는 데 적극 협조해야 한다.

① 과학적 결과의 장단점

② 과학자와 기업의 관계

③ 과학자의 윤리적 책무

④ 과학자의 학문적 한계

8. 다음 글의 전개 순서로 가장 자연스러운 것은?

(가) 현재 전하고 있는 갑인자본을 보면 글자획에 필력의 약동이 잘 나타나고 글자 사이가 여유 있게 떨어지고 있으며 판면이 커서 늠름하다.

(나) 이 글자는 자체가 매우 해정(글씨체가 바르고 똑똑함)하고 부드러운 필서체로 진나라의 위부인자체와 비슷하다 하여 일명 '위부인자'라 일컫기도 한다.

(다) 경자자와 비교하면 대자와 소자의 크기가 고르고 활자의 네모가 평정하며 조판도 완전한 조립식으로 고안하여 납을 사용하는 대신 죽목으로 빈틈을 메우는 단계로 개량·발전되었다.

(라) 또 먹물이 시커멓고 윤이 나서 한결 선명하고 아름답다. 이와 같은 이유로 이 활자는 우리나라 활자본의 백미에 속한다.

(마) 갑인자는 1434년(세종 16)에 주자소에서 만든 동활자로 그보다 앞서 만들어진 경자자의 자체가 가늘고 빽빽하여 보기가 어려워지자 좀 더 큰 활자가 필요하다하여 1434년 갑인년에 왕명으로 주조된 활자이다.

(바) 이 활자를 만드는 데 관여한 인물들은 당시의 과학자나 또는 정밀한 천문기기를 만들었던 기술자들이었으므로 활자의 모양이 아주 해정하고 바르게 만들어졌다.

① (마) - (나) - (바) - (다) - (가) - (라)

② (나) - (마) - (라) - (가) - (다) - (바)

③ (마) - (가) - (바) - (다) - (나) - (라)

④ (나) - (마) - (가) - (라) - (다) - (바)

9. 단어의 상관관계를 파악하고 ㉠과 ㉡안에 들어갈 단어로 적절한 것을 고르시오.

(㉠) : 넉넉하다 = 강물 : (㉡)

① ㉠ : 재물   ㉡ : 온유하다

② ㉠ : 마음   ㉡ : 유유하다

③ ㉠ : 인정   ㉡ : 한적하다

④ ㉠ : 재산   ㉡ : 초라하다

10. 다음 중 단어의 관계가 다른 것은?

① 유형원 : 반계수록   ② 정약용 : 목민심서

③ 이익 : 성호사설   ④ 유수원 : 북학의

11. 다음 〈보기〉의 가, 나, 다, 라, 마에 따를 때 항상 옳은 것은?

> 가. 진호와 지아는 부부이다.
> 나. 지아는 서영이의 언니이다.
> 다. 서준이는 진호의 아들이다.
> 라. 지아는 우진의 어머니이다.
> 마. 우빈이는 서준이의 아들이다.

① 서영이는 우빈이의 이모다.

② 우진이와 우빈이는 형제 사이이다.

③ 진호는 서영이보다 나이가 많다.

④ 진호는 우빈이보다 나이가 많다.

12. A, B, C, D, E 5명의 입사성적을 비교하여 높은 순서로 순번을 매겼더니 다음과 같은 사항을 알게 되었다. 입사성적이 두 번째로 높은 사람은?

> • 순번 상 E의 앞에는 2명 이상의 사람이 있고 C보다는 앞이었다.
> • D의 순번 바로 앞에는 B가 있다.
> • A의 순번 뒤에는 2명이 있다.

① A   ② B

③ D   ④ E

13. 은규, 진석, 종혁은 과녁 맞추기 놀이를 하고 있다. 다음 대화를 읽고 각 아이들의 점수를 옳게 연결한 것은 무엇인가? (단, 셋은 한 마디씩 틀리게 말하고 있다.)

> • 은규 : 180점이라… 진석이 너보다 40점이 적게 나왔네. 종혁이 너보다는 그래도 20점 많이 나왔다.
> • 진석 : 다행히 가장 작은 점수는 아닌데 종혁이 너와는 60점이나 차이난다. 종혁이 너… 오~ 240점이네!
> • 종혁 : 앗! 은규보다 점수가 낮잖아. 은규 너는 200점이네. 진석이는 은규보다 60점이 더 나왔고~!

① 은규 – 200점, 진석 – 240점, 종혁 – 180점

② 은규 – 240점, 진석 – 180점, 종혁 – 200점

③ 은규 – 180점, 진석 – 200점, 종혁 – 240점

④ 은규 – 240점, 진석 – 200점, 종혁 – 180점

14. 다음에 제시된 전제에 따라 결론을 바르게 추론한 것은?

> • 대한이는 15살이다.
> • 대한이는 4년 터울의 남동생이 3명 있다.
> • 사랑이는 11살이다.
> • 사랑이는 3년 터울의 여동생이 2명 있다.
> • 그러므로 _____

① 사랑이는 대한이의 막내동생보다 나이가 3배 많다.

② 사랑이의 막내동생이 가장 나이가 어리다.

③ 대한이의 둘째동생은 사랑이의 첫째동생보다 나이가 많다.

④ 사랑이와 대한이의 첫째동생은 동갑이다.

15. 주어진 결론을 반드시 참으로 하는 전제를 고르시오.

전제1 : 많은 노력을 해야 좋은 성적을 얻을 수 있다.
전제2 : _____
전제3 : 부모를 행복하게 하지 못하면 불량한 아이이다.
결론 : 부모를 행복하게 하지 못한다면 많은 노력을 하지 않았다는 것이다.

① 좋은 성적을 얻지 못한 것은 많은 노력을 하지 않았다는 것이다.
② 불량하지 않은 아이라고 해서 모두 좋은 성적을 얻는 것은 아니다.
③ 불량하지 않은 아이는 부모를 행복하게 한다.
④ 불량한 아이는 좋지 않은 성적을 얻는다.

16. 다음의 말이 전부 진실일 때 반드시 참이라고 말할 수 없는 것은?

• 손이 작은 사람은 모두 키가 작다.
• 손이 작은 사람 중에는 손재주를 가진 사람이 있다.
• 어떤 키가 작은 사람은 공부를 잘한다.

① 키가 작은 사람 중에는 손재주를 가진 사람이 있다.
② 키가 작은 어떤 사람은 손이 작다.
③ 키가 작고 손이 작은 어떤 사람은 손재주를 가지고 있다.
④ 손이 작은 어떤 사람은 공부를 잘한다.

17. 다음 주어진 글을 읽고 바르게 서술된 것은?

장애 아동을 위한 특수 교육 학교가 있다. 그 학교에는 키 성장이 멈추거나 더디어서 110 cm 미만인 아동이 10명, 심한 약시로 꾸준한 치료와 관리가 필요한 아동이 10명 있다. 키가 110cm 미만인 아동은 모두 특수 스트레칭 교육을 받는다. 그리고 특수 스트레칭 교육을 받는 아동 중에는 약시인 아동은 없다. 이 학교에는 특수 영상장치가 설치된 학급은 한 개 뿐이고, 어떤 아동이 약시인 경우에만 특수 영상장치가 설치된 학급에서 교육을 받는다. 숙이, 철이, 석이는 모두 이 학교에 다니는 아동이다.

① 숙이의 키가 120cm라면, 특수 영상장치가 설치된 학급에서 교육을 받는다.
② 석이의 키가 100cm라면, 석이는 약시일수도 있다.
③ 숙이, 철이, 석이 모두 약시라면 세 사람 모두 같은 교실에서 교육을 받는다.
④ 철이가 특수 스트레칭 교육을 받는다면, 특수 영상장치가 설치되지 않은 학급에서 교육을 받는다.

18. 갑, 을, 병, 정의 네 나라에 대한 다음의 조건으로부터 추론할 수 있는 것은?

㉠ 이들 나라는 시대 순으로 연이어 존재했다.
㉡ 네 나라의 수도는 각각 달랐는데 관주, 금주, 평주, 한주 중 어느 하나였다.
㉢ 한주가 수도인 나라는 평주가 수도인 나라의 바로 전 시기에 있었다.
㉣ 금주가 수도인 나라는 관주가 수도인 나라의 바로 다음 시기에 있었으나, 정보다는 이전 시기에 있었다.
㉤ 병은 가장 먼저 있었던 나라는 아니지만, 갑보다는 이전 시기에 있었다.
㉥ 병과 정은 시대 순으로 볼 때 연이어 존재하지 않았다.

① 금주는 갑의 수도이다.
② 관주는 병의 수도이다.
③ 평주는 정의 수도이다.
④ 을은 갑의 다음 시기에 존재하였다.

19. 다음을 읽고 추리한 것으로 옳은 것은?

┌───┐
⊙ 어떤 회사의 사원 평가 결과 모든 사원이 최우수, 우수, 보통 중 한 등급으로 분류되었다.
⊙ 최우수에 속한 사원은 모두 45세 이상 이었다.
⊙ 35세 이상의 사원은 '우수'에 속하거나 자녀를 두고 있지 않았다.
⊙ 우수에 속한 사원은 아무도 이직경력이 없다.
⊙ 보통에 속한 사원은 모두 대출을 받고 있으며, 무주택자인 사원 중에는 대출을 받고 있는 사람이 없다.
⊙ 이 회사의 직원 A는 자녀가 있으며 이직경력이 있는 사원이다.
└───┘

① A는 35세 미만이고 무주택자이다.
② A는 35세 이상이고 무주택자이다.
③ A는 35세 미만이고 주택을 소유하고 있다.
④ A는 45세 미만이고 무주택자이다.

20. 다음 〈쓰레기 분리배출 규정〉을 준수한 것은?

┌───┐
• 배출 시간 : 수거 전날 저녁 7시~수거 당일 새벽 3시까지 (월요일~토요일에만 수거함)
• 배출 장소 : 내 집 앞, 내 점포 앞
• 쓰레기별 분리배출 방법
  - 일반 쓰레기 : 쓰레기 종량제 봉투에 담아 배출
  - 음식물 쓰레기 : 단독주택의 경우 수분 제거 후 음식물 쓰레기 종량제 봉투에 담아서, 공동주택의 경우 음식물 전용용기에 담아서 배출
  - 재활용 쓰레기 : 종류별로 분리하여 투명 비닐봉투에 담아 묶어서 배출
    ① 1종(병류)
    ② 2종(캔, 플라스틱, 페트병 등)
    ③ 3종(폐비닐류, 과자 봉지, 1회용 봉투 등)
      ※ 1종과 2종의 경우 뚜껑을 제거하고 내용물을 비운 후 배출
      ※ 종이류 / 박스 / 스티로폼은 각각 별도로 묶어서 배출
  - 폐가전 · 폐가구 : 폐기물 스티커를 부착하여 배출
• 종량제 봉투 및 폐기물 스티커 구입 : 봉투판매소
└───┘

① 甲은 토요일 저녁 8시에 일반 쓰레기를 쓰레기 종량제 봉투에 담아 자신의 집 앞에 배출하였다.
② 공동주택에 사는 乙은 먹다 남은 찌개를 그대로 음식물 쓰레기 종량제 봉투에 담아 주택 앞에 배출하였다.
③ 丙은 투명 비닐봉투에 캔과 스티로폼을 함께 담아 자신의 집 앞에 배출하였다.
④ 戊는 집에서 쓰던 냉장고를 버리기 위해 폐기물 스티커를 구입 후 부착하여 월요일 저녁 9시에 자신의 집 앞에 배출하였다.

21. 어떤 논의 벼를 모두 베는 데 A 혼자서는 3시간, B 혼자서는 6시간 걸린다. A, B 둘이 함께 벼를 벤다면 몇 시간이 걸리는가?

① 1시간　　　　　② 1시간 30분
③ 2시간　　　　　④ 2시간 30분

22. 주사위를 두 번 던졌을 때 각각의 합이 5와 같거나 클 확률보다 각각의 합이 4와 같거나 클 확률이 얼마나 더 큰가?

① $\dfrac{1}{3}$　　　　　② $\dfrac{1}{6}$

③ $\dfrac{1}{9}$　　　　　④ $\dfrac{1}{12}$

23. 다음 표는 기온에 따른 포화 수증기량을 나타낸 것이다. 교실의 크기가 100m^3이고 현재 기온이 $20℃$라고 하면 교실 인에 포함될 수 있는 최대 수증기량은 얼마인가?

온도(℃)	5	10	15	20	25	30
포화 수증기량(g/m³)	6.7	9.4	12.9	17.3	23.1	30.4

① 231g　　　　　② 670g
③ 940g　　　　　④ 1730g

24. 어느 야구선수가 시합에 10번 참여하여 시합당 평균 0.6개의 홈런을 기록하였다. 앞으로 5번의 시합에 더 참여하여 총 15번 경기에서의 시합당 평균 홈런을 0.8개 이상으로 높이고자 한다. 남은 5번의 시합에서 최소 몇 개의 홈런을 쳐야하는가?

① 4
② 5
③ 6
④ 7

25. 10개의 공 중 빨간 공이 3개 들어 있다. 영희와 철수 두 사람이 차례로 한 개씩 공을 꺼낼 때 두 사람 중 한 사람만이 빨간 공을 꺼낼 확률을 구하면? (단, 꺼낸 공은 다시 넣지 않는다)

① $\dfrac{2}{5}$
② $\dfrac{7}{15}$
③ $\dfrac{8}{15}$
④ $\dfrac{3}{5}$

26. 시온이가 책을 펼쳐서 나온 두 면의 쪽수의 곱이 506이라면, 시온이가 펼친 두 면 중 한 면의 쪽수가 될 수 있는 것은?

① 19
② 21
③ 23
④ 25

27. 재민이는 동화책 한 권을 3일 동안 다 읽었다. 첫째 날에는 전체 쪽수의 $\dfrac{1}{3}$ 보다 10쪽을 더 읽었고, 둘째 날에는 나머지 쪽수의 $\dfrac{3}{5}$ 보다 18쪽을 더 읽고, 마지막 날은 30쪽을 읽었다. 이 동화책을 모두 몇 쪽인가?

① 420쪽
② 310쪽
③ 205쪽
④ 195쪽

28. 어떤 종이에 색깔을 칠하는데, 녹색은 종이 전체의 3분의 1을 칠하고 분홍색은 종이 전체의 45%만큼 칠하며 어떤 색도 칠하지 않은 넓이는 전체의 32%가 되었다. 녹색과 분홍색이 겹치게 칠해진 부분이 $27.9\,\text{cm}^2$ 일 때, 전체 종이의 넓이는?

① $260\,\text{cm}^2$
② $270\,\text{cm}^2$
③ $310\,\text{cm}^2$
④ $330\,\text{cm}^2$

29. 학생 수가 50명인 초등학교 교실이 있다. 이 중 4명을 제외한 나머지 학생 모두가 방과 후 교실 프로그램으로 승마 또는 골프를 배우고 있다. 승마를 배우는 학생이 26명이고 골프를 배우는 학생이 30명일 때, 승마와 골프를 모두 배우는 학생은 몇 명인가?

① 9명
② 10명
③ 11명
④ 12명

30. 민희는 휴대폰 요금을 10초당 15원인 요금제도를 사용하고 있다. 하루에 쓰는 통화요금이 1,800원이라고 할 때 새해 첫날인 1월 1일부터 사용한 누적시간이 1,500분이 되는 때는 언제인가?

① 2월 12일
② 3월 16일
③ 4월 18일
④ 5월 20일

31. 다음 〈휴양림 요금규정〉과 〈조건〉에 근거할 때, 〈상황〉에서 甲, 乙, 丙일행이 각각 지불한 총요금 중 가장 큰 금액과 가장 작은 금액의 차이는?

〈휴양림 요금규정〉

• 휴양림 입장료(1인당 1일 기준)

구분	요금(원)	입장료 면제
어른	1,000	
청소년(만 13세 이상~19세 미만)	600	• 동절기(12월~3월) • 다자녀 가정
어린이(만 13세 미만)	300	

※ '다자녀 가정'은 만 19세 미만의 자녀가 3인 이상 있는 가족을 말한다.

• 야영시설 및 숙박시설(시설당 1일 기준)

구분		요금(원)		비고
		성수기 (7~8월)	비수기 (성수기 외)	
야영시설 (10인 이내)	황토데크 (개)	10,000		휴양림 입장료 별도
	캐빈(동)	30,000		
숙박시설	3인용(실)	45,000	24,000	휴양림 입장료 면제
	5인용(실)	85,000	46,000	

※ 일행 중 '장애인'이 있거나 '다자녀 가정'인 경우 비수기에 한해 야영시설 및 숙박시설 요금의 50%를 할인한다.

〈조건〉

• 총요금 = (휴양림 입장료) + (야영시설 또는 숙박시설 요금)
• 휴양림 입장료는 머문 일수만큼, 야영시설 및 숙박시설 요금은 숙박 일수만큼 계산함. (예 : 2박 3일의 경우 머문 일수는 3일, 숙박 일수는 2일)

〈상황〉

• 甲(만 45세)은 아내(만 45세), 자녀 3명(각각 만 17세, 15세, 10세)과 함께 휴양림에 7월 중 3박 4일간 머물렀다. 甲일행은 5인용 숙박시설 1실을 이용하였다.
• 乙(만 25세)은 어머니(만 55세, 장애인), 아버지(만 58세)를 모시고 휴양림에서 12월 중 6박 7일간 머물렀다. 乙일행은 캐빈 1동을 이용하였다.
• 丙(만 21세)은 동갑인 친구 3명과 함께 휴양림에서 10월 중 9박 10일 동안 머물렀다. 丙일행은 황토데크 1개를 이용하였다.

① 40,000원
② 114,000원
③ 125,000원
④ 165,000원

8

32. 다음은 N손해보험에서 화재손해 발생 시 지급 보험금 산정방법과 피보험물건(A~E)의 보험금액 및 보험가액을 나타낸 자료이다. 화재로 입은 손해액이 A~E 모두 6천만 원으로 동일할 때, 지급 보험금이 많은 것부터 순서대로 나열하면?

〈표1〉 지급 보험금 산정방법

피보험물건 유형	조건	지급 보험금
일반물건, 창고물건, 주택	보험금액 ≥ 보험가액의 80%	손해액 전액
	보험금액 < 보험가액의 80%	손해액 × $\dfrac{보험금액}{보험가액의\ 80\%}$
공장물건, 동산	보험금액 ≥ 보험가액	손해액 전액
	보험금액 < 보험가액	손해액 × $\dfrac{보험금액}{보험가액}$

1) 보험금액 : 보험사고가 발생한 때에 보험회사가 피보험자에게 지급해야 하는 금액의 최고한도

2) 보험가액 : 보험사고가 발생한 때에 피보험자에게 발생 가능한 손해액의 최고한도

〈표2〉 피보험물건의 보험금액 및 보험가액

피보험물건	피보험물건 유형	보험금액	보험가액
A	주택	9천만 원	1억 원
B	일반물건	6천만 원	8천만 원
C	창고물건	7천만 원	1억 원
D	공장물건	9천만 원	1억 원
E	동산	6천만 원	7천만 원

① A − B − D − C − E

② A − D − B − E − C

③ B − A − C − D − E

④ B − D − A − C − E

┃33~34┃ 각 도시별 인구 및 인구 1,000명당 자동차 대수를 나타낸 것이다. 물음에 답하시오.

도시	인구	인구 1,000명당 자동차 대수
A	106만 명	210
B	82만 명	120
C	61만 명	500
D	41만 명	340

33. 자동차 대수가 가장 많은 도시는?

① A

② B

③ C

④ D

34. 한 가구당 구성인구수를 평균 4명이라 할 때, 가구당 평균 한 대 이상의 자동차를 보유하고 있는 도시는?

① A와 B

② B와 D

③ C와 D

④ A와 D

| 35~38 | 다음은 농업총수입과 농작물수입을 영농형태와 지역별로 나타낸 표이다. 표를 보고 물음에 답하시오.

영농형태	농업총수입(천 원)	농작물수입(천 원)
논벼	20,330	18,805
과수	34,097	32,382
채소	32,778	31,728
특용작물	45,534	43,997
화훼	64,085	63,627
일반밭작물	14,733	13,776
축산	98,622	14,069
기타	28,499	26,112

행정지역	농업총수입(천 원)	농작물수입(천 원)
경기도	24,785	17,939
강원도	27,834	15,532
충청북도	23,309	17,722
충청남도	31,583	18,552
전라북도	26,044	21,037
전라남도	23,404	19,129
경상북도	28,690	22,527
경상남도	28,478	18,206
제주도	29,606	28,141

35. 제주도의 농업총수입은 경기도 농업총수입과 얼마나 차이 나는가?

① 4,821천 원
② 4,930천 원
③ 5,860천 원
④ 6,896천 원

36. 앞의 표에 대한 설명으로 옳지 않은 것은?

① 화훼는 과수보다 약 2배의 농업총수입을 얻고 있다.

② 축산의 농업총수입은 다른 영농형태보다 월등히 많은 수입을 올리고 있다.

③ 경기도는 농업총수입과 농작물수입이 충청남도보다 높다.

④ 강원도의 농작물수입은 다른 지역에 비해 가장 낮은 수입이다.

37. 특용작물의 농업총수입은 일반밭작물의 몇 배인가? (소수점 둘째 자리까지 구하시오)

① 1.26배
② 2.95배
③ 3.09배
④ 4.21배

38. 농업총수입이 가장 높은 영농형태와 농작물수입이 가장 낮은 영농형태로 이어진 것은?

① 일반밭작물 – 축산

② 축산 – 일반밭작물

③ 특용작물 – 축산

④ 과수 – 채소

39.

다음은 청에 다녀온 조선 사신의 이동 구간과 숙박 일수를 나타낸 자료이다. 설명 중 옳지 않은 것은 몇 개인가?

(단위 : 일)

구간 / 연도	한양 ↓ 황주	중화 ↓ 의주	책문 ↓ 북경입구	북경	북경입구 ↓ 책문	의주 ↓ 중화	황주 ↓ 한양	전체일정
1712	7	16	29	47	27	12	5	143
1777	8	23	28	43	33	9	5	149
1803	9	24	28	37	35	9	5	147
1828	8	22	27	39	37	13	8	154

※ 위에 제시되지 않은 구간에서는 숙박하지 않았음.

ㄱ 조선 사신의 전체 일정 중 중화↔의주 구간에서 숙박한 일수는 한양↔황주 구간에서 숙박한 일수보다 항상 10일 이상 많았다.

ㄴ 조선 사신의 전체 일정 중 책문↔북경입구 구간에서 숙박한 일수가 가장 많았다.

ㄷ 북경으로 가는 여정보다 북경에서 돌아오는 여정이 더 길었던 해에는 중화↔의주 구간에서 숙박한 일수가 조사한 다른 해의 같은 구간에서 숙박한 일수보다 많았다.

① 1개
③ 3개
② 2개
④ 없다.

40.

다음은 어느 여행사의 관광 상품 광고이다. 갑동이 부부가 주중에 여행을 갈 경우, 하루 평균 가격이 가장 저렴한 관광 상품은?

관광지	일정	일인당 가격	비고
백두산	5일	599,000원	·
일본	6일	799,000원	주중 20% 할인
호주	10일	1,999,000원	동반자 50% 할인

① 백두산
③ 호주
② 일본
④ 모두 같다

41.

다음 ▲ 표시된 곳의 숫자에서부터 시계방향으로 진행하면서 숫자와의 관계를 고려하여 ? 표시된 곳에 들어갈 알맞은 숫자를 고르시오.

5488	392	
	▼	28
76832	1075648	?

① 2
③ 6
② 4
④ 8

❙42~43❙ 다음 ? 표시된 부분에 들어갈 숫자를 고르시오.

42.

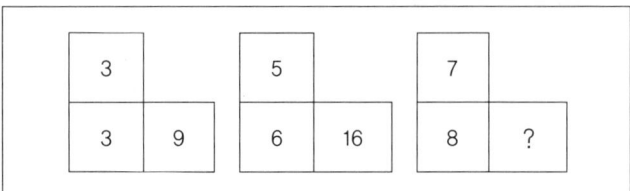

① 22   ② 25

③ 23   ④ 24

43.

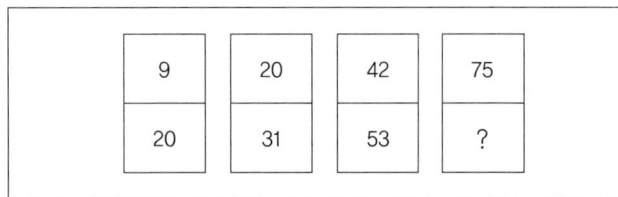

① 86   ② 90

③ 94   ④ 98

❙44~50❙ 다음의 제시된 숫자의 배열을 보고 규칙을 적용하여 빈칸에 들어갈 알맞은 숫자를 고르시오.

44.

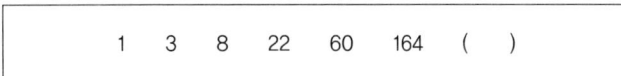

1 3 8 22 60 164 ( )

① 444   ② 446

③ 448   ④ 450

45.

	99	98	95	86	59	( )

① 22   ② −22

③ 44   ④ −44

46.

0	1	2	4	7	12	20	33	( )	88	143

① 0   ② 54

③ 81   ④ 96

47.

	1	1	3	8	9	27	27	( )

① 36   ② 64

③ 88   ④ 124

48.

$$\frac{1}{2} \quad \frac{1}{6} \quad \frac{1}{18} \quad (\ ) \quad \frac{1}{162} \quad \frac{1}{486}$$

① $\dfrac{1}{40}$ ② $\dfrac{1}{52}$

③ $\dfrac{1}{54}$ ④ $\dfrac{1}{86}$

49.

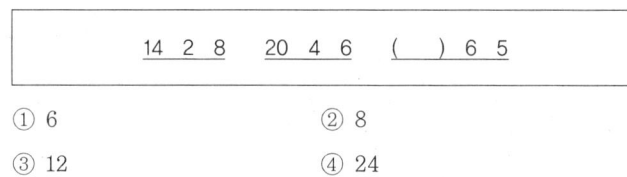

| | 2 | 12 | 6 | 36 | 18 | ( ) |

① 98   ② 108

③ 111   ④ 124

50.

14 2 8   20 4 6   ( ) 6 5

① 6   ② 8

③ 12   ④ 24

51. 화살표에 의한 일정한 규칙에 의해 다음과 같이 도형이 변화될 때, ( ) 안에 들어갈 알맞은 모양을 고르면?

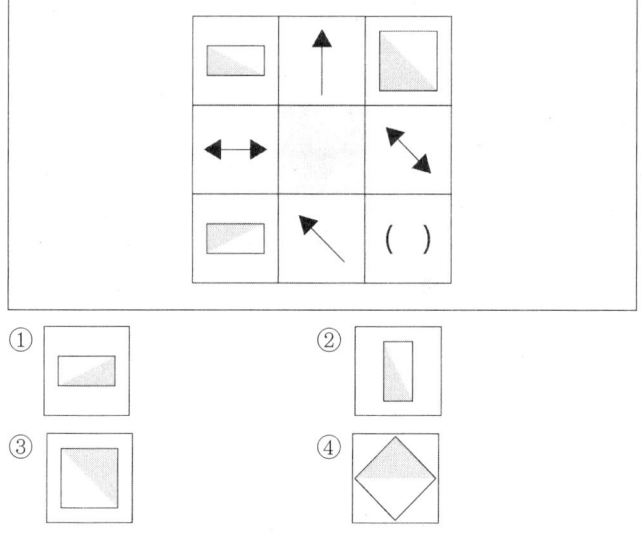

52. 다음 왼쪽에 있는 두 도형과 같은 관계가 되도록 오른쪽 ( ) 안에 들어갈 도형을 고르면?

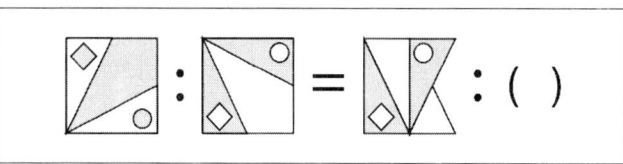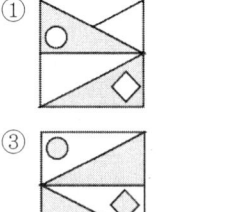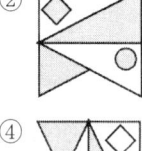

①   ②

③   ④

53. 다음 제시된 도형들 사이에는 일정한 규칙이 적용되고 있다. 도형의 규칙을 찾아 A와 B에 들어갈 알맞은 도형을 고르시오.

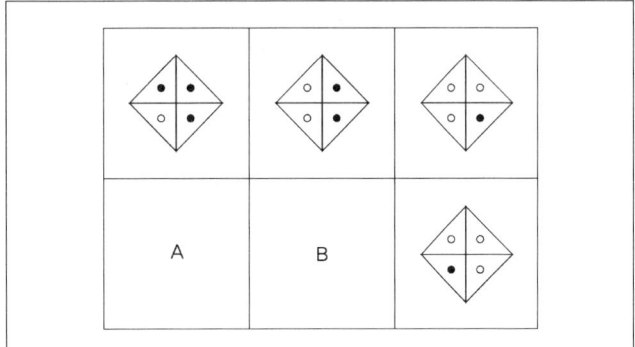

A　　　B

① ② ③ ④

54. 다음 도형들의 일정한 규칙을 찾아 ? 표시된 부분에 들어갈 도형을 고르시오.

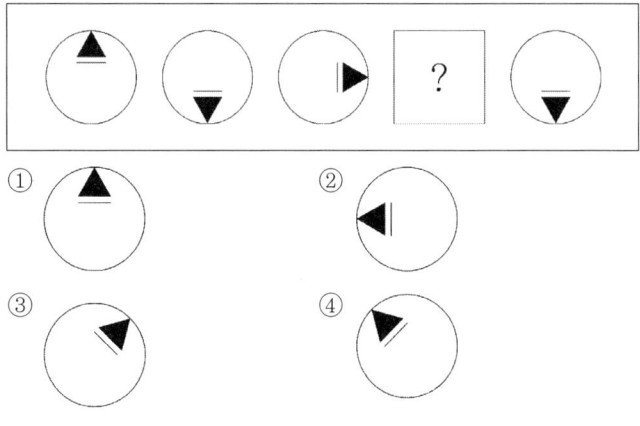

① ② ③ ④

55. 다음 도형들의 일정한 규칙을 찾아 ? 표시된 부분에 들어갈 도형을 고르시오.

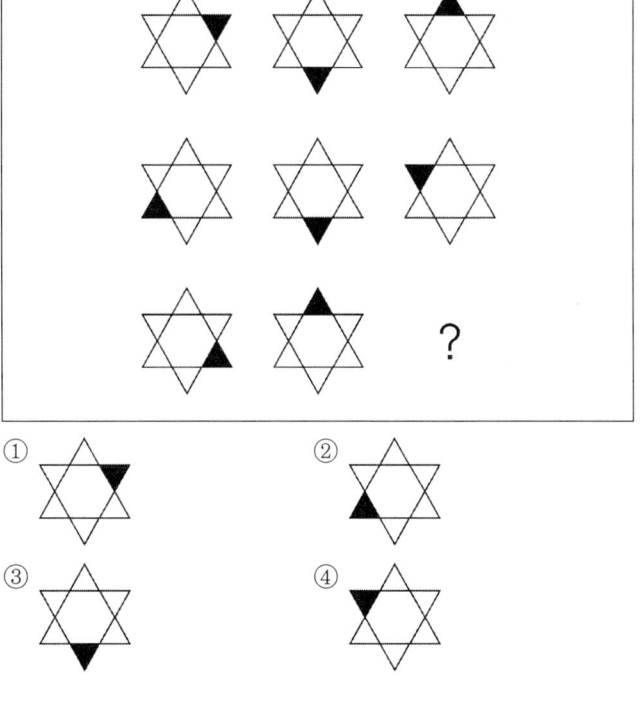

① ② ③ ④

14

56. 제시된 도형을 회전시켰을 때, 다른 도형은 어느 것인가?

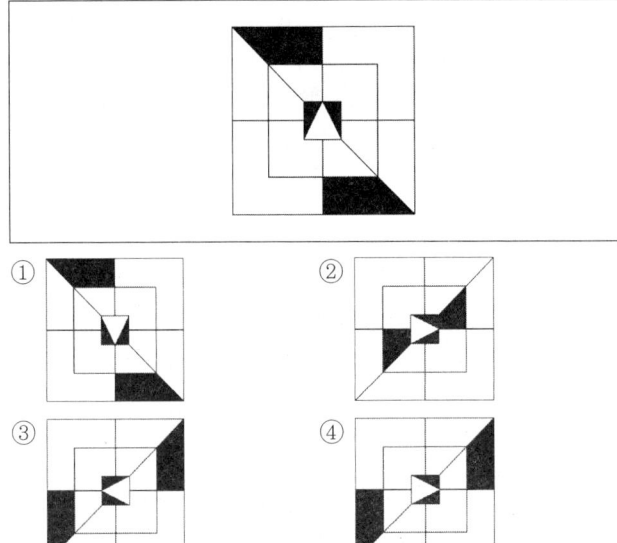

57. 다음 제시된 도형의 관계를 파악하여 '?'에 들어갈 도형을 고르시오.

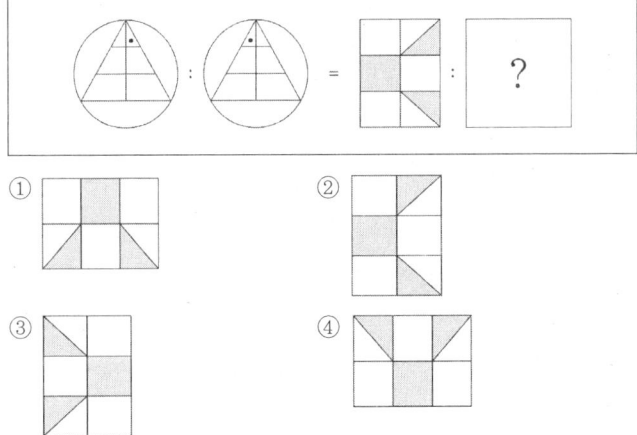

58. 다음 도형들의 일정한 규칙을 찾아 ? 표시된 부분에 들어갈 도형을 고르시오.

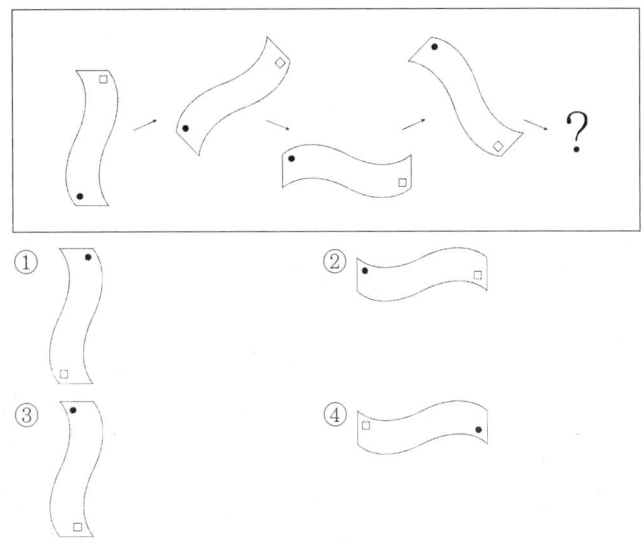

59. 다음 도형들의 일정한 규칙을 찾아 ? 표시된 부분에 들어갈 도형을 고르시오.

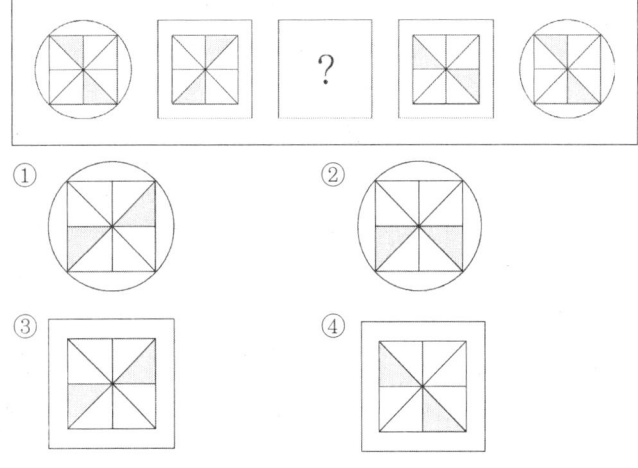

60. 다음 도형들의 일정한 규칙을 찾아 ? 표시된 부분에 들어갈 도형을 고르시오.

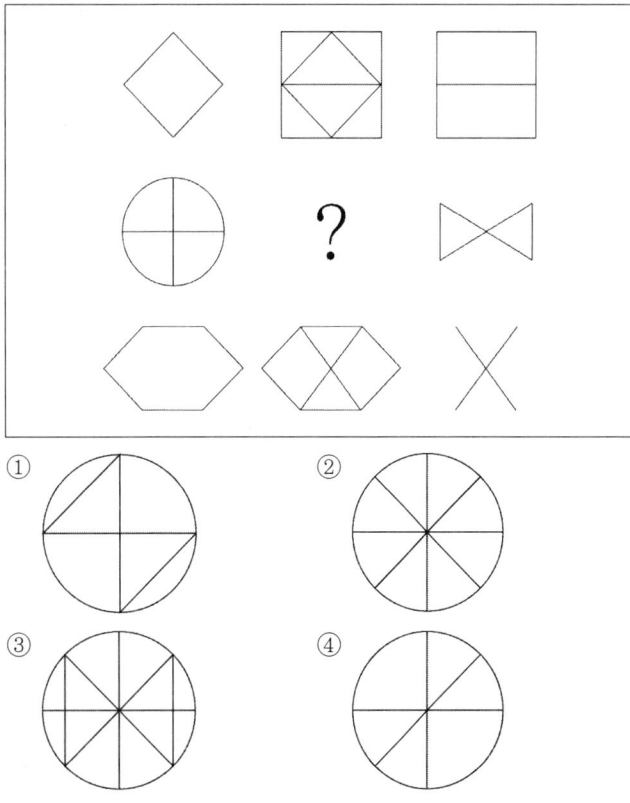

① 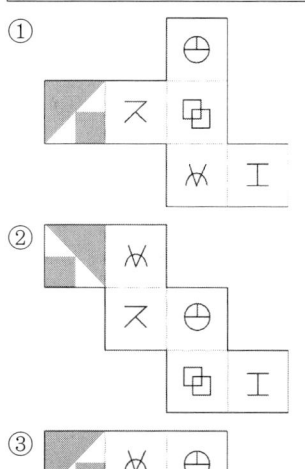 ②

③ ④

61. 다음 입체도형의 전개도로 알맞은 것은?

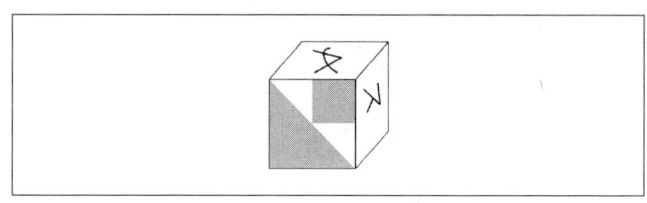

①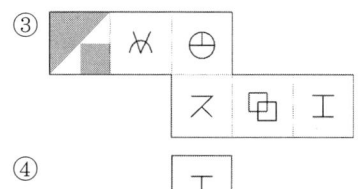

②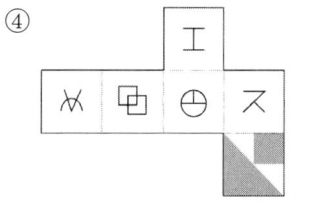

③

④

62. 다음 전개도로 만든 입체도형으로 알맞은 것은?(단, 기호 및 문자(예 : ♤, ☎, ♨, K, H)의 회전에 의한 효과는 본 문제의 풀이 과정에 반영하지 않음)

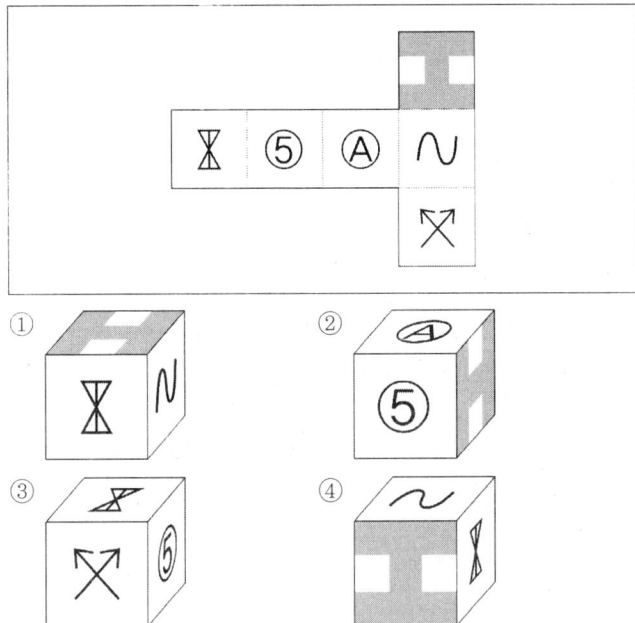

① ② ③ ④

63. 다음 아래에 제시된 그림과 같이 쌓기 위해 필요한 블록의 수를 고르시오.

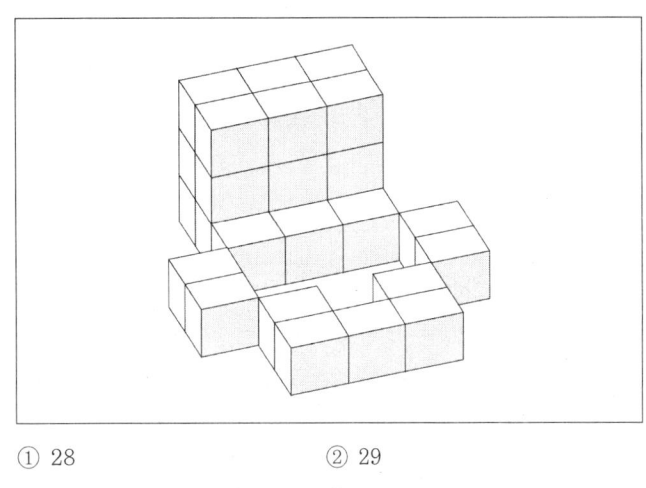

① 28 ② 29

③ 30 ④ 31

64. 다음에 제시된 블록들을 화살표 표시한 방향에서 바라봤을 때의 모양으로 알맞은 것을 고르시오.

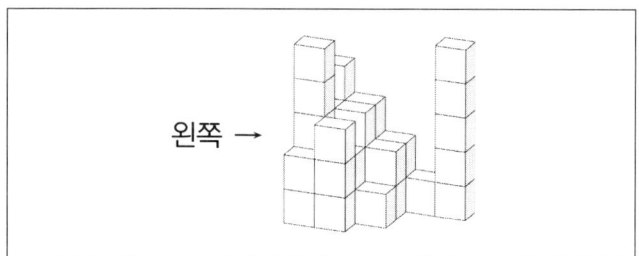

①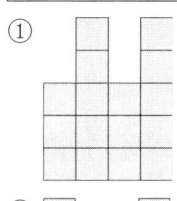

②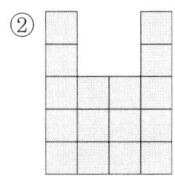

③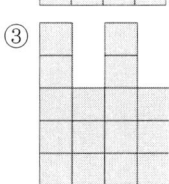

④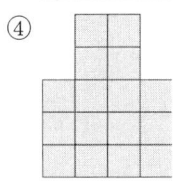

65. 다음 제시된 두 도형을 결합했을 때 만들 수 없는 형태를 고르시오.

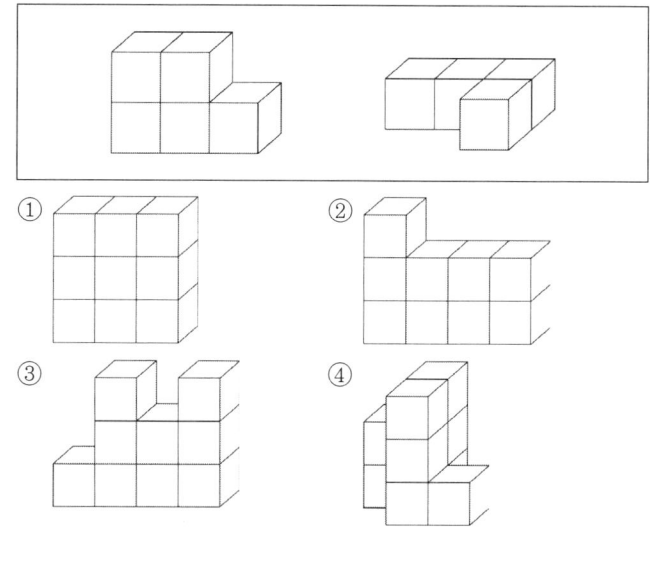

66. 다음과 같이 화살표 방향으로 종이를 접어 가위로 잘라낸 뒤 펼친 모양에 해당하는 것을 고르시오.

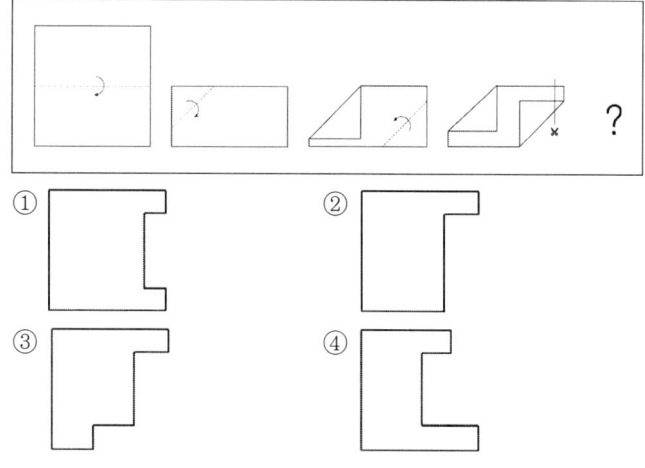

67. 다음과 같이 종이를 접은 후 구멍을 뚫고 펼친 뒤의 그림으로 옳은 것을 고르시오.

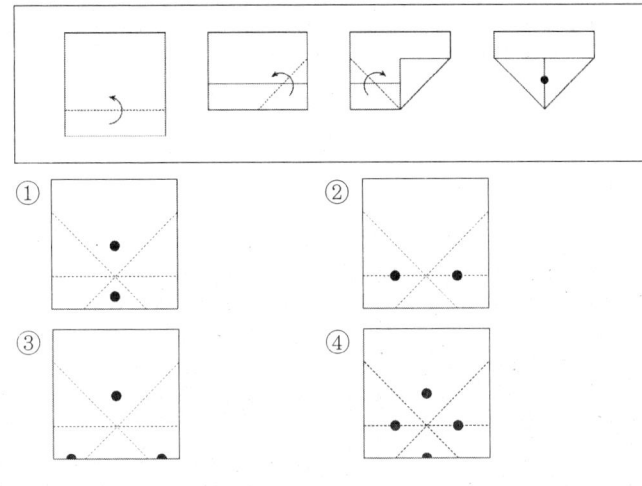

① ② ③ ④

68. 다음 아래에 제시된 그림과 같이 쌓기 위해 필요한 블록의 수를 고르시오.

① 35   ② 36

③ 37   ④ 38

69. 다음 입체도형의 전개도로 알맞은 것은?

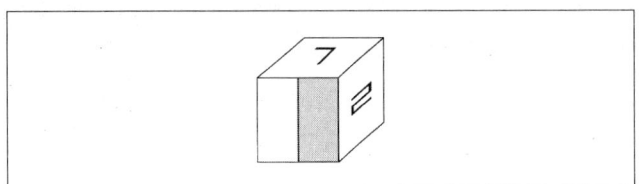

① ② ③ ④

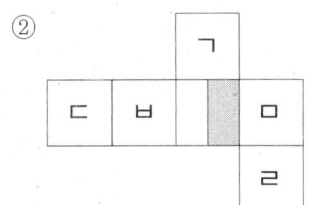

70. 다음 전개도로 만든 입체도형으로 알맞은 것은?(단, 기호 및 문자(예 : ♤, ☎, ♨, K, H)의 회전에 의한 효과는 본 문제의 풀이 과정에 반영하지 않음)

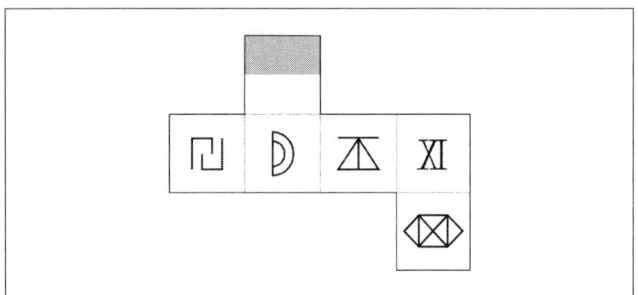

①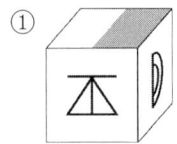

②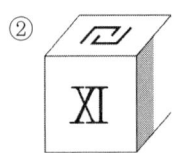

③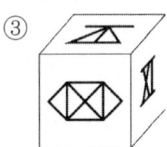

④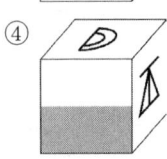

KAC공항서비스 필기시험 적성검사

문항	①	②	③	④		문항	①	②	③	④		문항	①	②	③	④		문항	①	②	③	④
1	①	②	③	④		21	①	②	③	④		41	①	②	③	④		61	①	②	③	④
2	①	②	③	④		22	①	②	③	④		42	①	②	③	④		62	①	②	③	④
3	①	②	③	④		23	①	②	③	④		43	①	②	③	④		63	①	②	③	④
4	①	②	③	④		24	①	②	③	④		44	①	②	③	④		64	①	②	③	④
5	①	②	③	④		25	①	②	③	④		45	①	②	③	④		65	①	②	③	④
6	①	②	③	④		26	①	②	③	④		46	①	②	③	④		66	①	②	③	④
7	①	②	③	④		27	①	②	③	④		47	①	②	③	④		67	①	②	③	④
8	①	②	③	④		28	①	②	③	④		48	①	②	③	④		68	①	②	③	④
9	①	②	③	④		29	①	②	③	④		49	①	②	③	④		69	①	②	③	④
10	①	②	③	④		30	①	②	③	④		50	①	②	③	④		70	①	②	③	④
11	①	②	③	④		31	①	②	③	④		51	①	②	③	④						
12	①	②	③	④		32	①	②	③	④		52	①	②	③	④						
13	①	②	③	④		33	①	②	③	④		53	①	②	③	④						
14	①	②	③	④		34	①	②	③	④		54	①	②	③	④						
15	①	②	③	④		35	①	②	③	④		55	①	②	③	④						
16	①	②	③	④		36	①	②	③	④		56	①	②	③	④						
17	①	②	③	④		37	①	②	③	④		57	①	②	③	④						
18	①	②	③	④		38	①	②	③	④		58	①	②	③	④						
19	①	②	③	④		39	①	②	③	④		59	①	②	③	④						
20	①	②	③	④		40	①	②	③	④		60	①	②	③	④						

성명

수험번호

⓪	⓪	⓪	⓪	⓪	⓪	⓪	⓪
①	①	①	①	①	①	①	①
②	②	②	②	②	②	②	②
③	③	③	③	③	③	③	③
④	④	④	④	④	④	④	④
⑤	⑤	⑤	⑤	⑤	⑤	⑤	⑤
⑥	⑥	⑥	⑥	⑥	⑥	⑥	⑥
⑦	⑦	⑦	⑦	⑦	⑦	⑦	⑦
⑧	⑧	⑧	⑧	⑧	⑧	⑧	⑧
⑨	⑨	⑨	⑨	⑨	⑨	⑨	⑨

KAC 공항서비스
모의고사

- 정답 및 해설 -

1 ③

영전 ··· 전보다 더 좋은 자리나 직위로 옮김
③ 좌천 : 낮은 관직이나 지위로 떨어지거나 외직으로 전근됨을 이르는 말
① 등진 : 관직이나 지위 따위가 올라감
② 승계 : 품계가 오름
④ 승양 : 벼슬이 오름

2 ④

방임 ··· 돌보거나 간섭하지 않고 제멋대로 내버려 두다.
① 방치(放置) : 내버려두다. 방임의 유의어로 볼 수 있다.
② 자유(自由) : 외부적인 구속이나 무엇에 얽매이지 아니하고 자기 마음대로 할 수 있는 상태
③ 방종(放縱) : 제멋대로 행동하여 거리낌이 없다.

3 ④

받다
㉠ 어떤 상황이 자기에게 미치다.
㉡ 요구, 신청, 질문, 공격, 도전, 신호 따위의 작용을 당하거나 거기에 응하다.
㉢ 다른 사람이 바치거나 내는 돈이나 물건을 책임 아래 맡아 두다.
㉣ 점수나 학위 따위를 따다.

4 ④

삵월세 → 사글세

5 ③

① 각별이→각별히
② 못할껄→못할걸
④ 겸연적은→겸연쩍은

6 ④

저 신사는 큰 기업의 <u>회장 겸</u> 대표이사이다.

7 ①

지다 ··· 물건을 짊어서 등에 얹다.
① 물건을 짊어서 등에 얹다.
② 해나 달이 서쪽으로 넘어가다.
③ 내기나 시합, 싸움 따위에서 재주나 힘을 겨루어 상대에게 꺾이다.
④ 어떤 현상이나 상태가 이루어지다.

8 ②

조건을 정리하면 '건강 → 운동 → 등산', '산 → 등산'이 된다.
따라서 결론은 '건강을 중요시하는 사람은 등산을 좋아한다.'가 된다.

9 ④

제시된 내용에 따라 정리를 하면

	영어	일본어	중국어	러시아어
A	×	○	×	○
B			×	○
C	×	×	○	×
D			×	○

① 영어, 일본어 둘 중 하나는 남자 두 명이 수강하게 된다.
② D는 남자이므로 반드시 두 과목을 수강하게 된다.
③ B는 영어와 러시아어를 수강하게 되면 옳은 내용이 된다.
④ B와 D는 영어 또는 일본어를 수강하게 되므로 틀린 내용이다.

10 ②

② B와 C가 취미가 같고, C는 E와 취미생활을 둘이서 같이 하므로 B가 책읽기를 좋아한다면 E도 여가 시간을 책읽기로 보낸다.

11 ②

ⓒ 오른쪽으로 90도 돌았을 때 : 북쪽
ⓛ 뒤로 돌았을 때 : 남쪽
ⓒ 오른쪽으로 90도 돌았을 때 : 서쪽

12 ④

3개 회사는 각 종목 당 다른 회사와 5번씩 경기를 가졌으며 이에 따른 승수와 패수의 합은 항상 10이 된다. 갑사가 C 종목에서 거둔 5승과 5패는 어느 팀으로부터 거둔 것인지 알 수 있는 근거가 없어 을사, 병사와 상대 전적이 동일하다고 말할 수 없다. 또한, 특정 팀과 5회 경기를 하여 무승부인 결과는 없는 것이므로 상대 전적이 동일한 두 팀이 생길 수는 없다.

① 병사의 6패 중 나머지 5패를 을사로부터 당한 것이 된다. 따라서 을사와의 전적은 0승 5패의 압도적인 결과가 된다.
② 갑사와 병사의 승수 중 각각 4승씩을 제외한 나머지 승수가 상대방으로부터 거둔 승수가 된다. 따라서 갑사는 병사로부터 3승을, 병사는 갑사로부터 2승을 거둔 것이 되어 갑사의 상대 전적이 병사보다 더 우세하게 된다.
③ 을사의 A 종목 3패 중 적어도 2패 이상이 갑사에게 당한 것이 되고 나머지 패수가 병사에게 당한 것이 되므로 을사는 병사보다 A 종목의 상대 전적이 더 우세하다. 이와 같은 논리로 살펴보면 병사의 C 종목 3패 중 1패 또는 0패가 을사와의 경기 결과가 되어 병사는 을사보다 C 종목 상대 전적이 더 우세하게 된다.

13 ②

경상도 사람은 앞에서 세 번째에 서고 강원도 사람 사이에는 다른 지역 사람이 서있어야 하므로 강원도 사람은 경상도 사람의 뒤쪽으로 서게 된다. 서울 사람은 서로 붙어있어야 하므로 첫 번째, 두 번째에 선다. 충청도 사람은 맨 앞 또는 맨 뒤에 서야하므로 맨 뒤에 서게 된다. 강원도 사람 사이에는 자리가 정해지지 않은 전라도 사람이 서게 된다.
서울 - 서울 - 경상도 - 강원도 - 전라도 - 강원도 - 충청도

14 ①

주어진 조건을 잘 풀어보면 민수는 A기업에 다닌다. 영어를 잘하면 업무 능력이 뛰어나다, 업무 능력이 뛰어나지 못하면 영어를 못한다, 영어를 못하는 사람은 A기업에 다니지 않는다, A기업 사람은 영어를 잘한다. 전체적으로 연결시켜 보면 '민수 → A기업에 다닌다. → 영어를 잘한다. → 업무 능력이 뛰어나다.' 이므로 '민수는 업무 능력이 뛰어나다.'는 결론을 도출할 수 있다.

15 ③

제시된 수열은 첫 번째, 세 번째, 다섯 번째 등의 홀수 항과 두 번째, 네 번째, 여섯 번째 등의 짝수 항 두 개로 이루어진 건너뛰기형 수열이다. 홀수 항은 10씩 감소, 짝수 항은 10씩 증가하므로 빈칸에 들어갈 수는 0이다.

16 ③

앞의 숫자의 자리수를 더한 값을 앞의 수에 더해주면 그것이 후항의 수가 되는 규칙이다.
$$311 \rightarrow 3+1+1 = 5 \rightarrow 311+5 = 316$$
$$316 \rightarrow 3+1+6 = 10 \rightarrow 316+10 = 326$$
$$326 \rightarrow 3+2+6 = 11 \rightarrow 326+11 = 337$$
$$337 \rightarrow 3+3+7 = 13 \rightarrow 337+13 = 350$$
$$350 \rightarrow 3+5+0 = 8 \rightarrow 350+8 = 358$$
$$358 \rightarrow 3+5+8 = 16 \rightarrow 358+16 = 374$$
$$374 \rightarrow 3+7+4 = 14 \rightarrow 374+14 = 388$$

17 ④

16강전 → 8경기
8강전 → 4경기
준결승 → 2경기
결승 → 1경기
$$8+4+2+1 = 15$$

18 ③

1학년 남학생, 여학생 수를 각각 x, y 라 하면
2학년 남학생, 여학생 수는 각각 y, x 이다.
3학년 여학생 수를 z 라고 하면,

$z = \dfrac{2}{5}(x+y+z)$ 이고 $z = \dfrac{2}{3}(x+y)$

$\dfrac{(\text{3학년 여학생 수})}{(\text{전체 학생 수})} = \dfrac{\dfrac{2}{3}(x+y)}{3(x+y)} = \dfrac{2}{9}$

$\therefore a+b = 11$

19 ①

이앙기 B의 속도를 x 라고 하면 이앙기 A의 속도는 $2x$ 이다.
이앙기 B의 속도를 구하면,
$2x(m^2/hr) \times 1(\text{시간}) + x(m^2/hr) \times 1(\text{시간}) = 2400m^2$

$3x = 2400$

$x = 800(m^2/hr)$

$2400m^2$의 논을 $800m^2/hr$의 속도로 모내기하면
$2400 \div 800 = 3$이므로 3시간이 걸린다.

20 ④

합계가 2이므로 A=1
B=8-1-3-2=2
C=1+2=3
D=9-1-3=5

21 ④

과학 \\ 수학	60	70	80	90	100	합계
100				1	1	2
90			1	2		3
80		2	5	3	1	11
70	1	2	3	2		8
60	1					1
합계	2	4	9	8	2	25

1+1+1+2+2+5+3+1+3+2=21

22 ②

② A, B, C 3개 회사의 '갑' 제품 점유율 총합은 2021년부터 순서대로 38.4%, 39.9%, 39.6%, 40.8%, 43.0%이다. 2023년도에는 전년도에 비해 3개 회사의 점유율이 감소하였으므로, 반대로 3개 회사를 제외한 나머지 회사의 점유율은 증가하였음을 알 수 있다. 따라서 나머지 회사의 점유율이 2021년 이후 매년 감소했다고 할 수 없다.

① A사는 지속 증가, B사는 지속 감소, C사는 증가 후 감소하는 추이를 보인다.

③ C사는 $\dfrac{7.8-9.0}{9.0} \times 100 ≒ -13.3\%$이며, B사는

$\dfrac{10.5-12.0}{12.0} \times 100 ≒ -12.5\%$로 C사의 감소율이 B사보다 더 크다.

④ 매년 증가하여 2025년에 3개 회사의 점유율은 43%로 가장 큰 해가 된다.

23 ③

$\dfrac{55}{88+55+49+3+5} = \dfrac{55}{200}$

$\dfrac{55}{200} \times 100 = 27.5(\%)$

24 ①

제시된 단어 중 가을, 달리기, 만국기를 통해 '운동회'를 유추해볼 수 있다.

25 ①

기류, 날개, 하늘을 통해 비행기를 연상할 수 있다.

26 ②

① 찬찬하지 못하고 몹시 가볍고 점잖지 못하게 하는 말이나 행동
③ 모든 사람이 다같이 인정하는 평판
④ 남이 시키거나 요청하지 아니하였는데도 자기 스스로 나아가 행함

27 ②

귀결 … 끝을 맺음을 이르는 말로 결과, 종결, 결론이라고도 한다.
① 고지(高志) ③ 귀감(龜鑑) ④ 귀공(鬼工)

28 ③

ⓐ와 ⓑ는 반의어 관계이다. 따라서 정답은 ③이다.

29 ③

'정리하다'는 '문제가 되거나 불필요한 것을 줄이거나 없애서 말끔하게 바로잡다'의 뜻으로 '다스리다'와 유의관계이다. '갈라지다'는 '쪼개지거나 금이 가다'의 뜻으로 '바라지다'와 유의관계이다.

30 ④

나머지 보기는 한 주제로 대등관계로 나열되었지만, ④는 닭의 성장과정을 순서대로 나열하였다.
① 동물을 대등하게 나열
② 꽃을 대등하게 나열
③ 빵 종류를 대등하게 나열

31 ③

두 번째 문단 후반부에서 내적 형상이 물체에 옮겨진 형상과 동일한 것은 아니라고 하면서, '돌이 조각술에 굴복하는 정도'에 응해서 내적 형상이 내재한다고 하였다.
① 두 번째 문단 첫 문장에서 '형상이 질료 속에 있는 것이 아니라, 장인의 안에 존재하던 것임을 알 수 있다.
② 첫 번째 문단 마지막 문장에서 질료 자체에는 질서가 없다고 했으므로, 지문의 '질료 자체의 질서와 아름다움'이라는 표현이 잘못되었다.
④ 마지막 문장에 의하면, 장인에 의해 구현된 '내적 형상'을 감상자가 복원함으로써 아름다움을 느낄 있다고 하였다. 자연 그대로의 돌덩어리에서는 복원할 '내적 형상'이 있다고 할 수 없다.

32 ②

다음의 경우에는 등교하지 않고 담임선생님에게 알려야 한다.
㉠ 37.5℃ 이상의 발열 또는 호흡기 증상이 나타난 경우
㉡ 해외여행을 다녀왔거나 확진환자와 접촉하여 자가격리 통지서를 받은 경우
㉢ 가족(동거인) 중 해외여행이나 확진환자와의 접촉으로 자가격리 통지서를 받은 사람이 있는 경우

33 ④

㉢㉡ 영어 공용화를 통한 다원주의적 문화 정체성 확립 및 필요성 → ㉤ 다양한 민족어를 수용한 싱가포르의 문화적 다원성의 체득 → ㉠ 말레이민족 우월주의로 인한 문화적 다원성에 뒤처짐 → ㉣ 단일 민족 단일 모국어 국가의 다른 상황

34 ④

㉢ 허준의 의서 편찬 작업 시작 - ㉠ 의서 편찬의 세 가지 원칙 - ㉤ 첫째 원칙과 그 이유 - ㉥ 둘째 원칙과 그 이유 - ㉣ 셋째 원칙과 그 이유 - ㉡ 「동의보감」 편찬 중단의 원인

35 ②

㉣ 나라별 @의 명칭 → ㉡ 핀란드와 러시아에서 @의 명칭이 변함 → ㉠ 아시아에서 @의 명칭이 또 변함 → ㉤ @의 명칭으로 본 문화의 다양성과 글로벌 스텐더드의 어려움 → ㉢ 우리나라의 @명칭인 골뱅이가 가장 @과 유사한 명칭인 것으로 생각

36 ③

㉡ 민주주의는 결코 하루아침에 이룩될 수 없는데 이것은 → ㉣ 민주주의가 비교적 잘 실현되고 있는 서구 각국의 역사를 돌아보아도 그러하다. → ㉥ 민주주의는 정치, 경제, 사회의 제도 자체에서 고루 이루어져야 할 것은 물론, 우리들의 의식 속에서 이루어져야 하기 때문인데 → ㉢ 그렇게 본다면 이 땅에서의 민주 제도는 너무나 짧은 역사를 가지고 있다. → ㉤ 우리의 의식 또한 확고하게 위임된 책임과 의무를 깊이 깨닫고, 민중의 뜻을 남김없이 수렴하여야 하며 → ㉠ 수렴된 의도를 합리적으로 처리해야 할 것이다.

37 ①

보기를 보면 ㈏, ㈎ 중 하나가 서두에 오는데, 더 포괄적인 내용을 담고 있는 ㈎가 제일 먼저 오는 것이 적절하다. ㈎에서 절도가 용인되면 사회가 붕괴된다고 했고, 그기에 절도가 사회적 금기라고 설명하는 ㈎가 그 다음 내용으로 알맞다. ㈎ 후반부에서 절도의 이유로 '생존욕구'를 언급하고 있으므로 관련 사건을 보여주는 ㈐가 이어지는 것이 어울린다. 또, 범죄를 합리화하고 찬미하게 되는 과정을 ㈏ - ㈎ - ㈑의 순서로 보여주고 있다.

38 ①

글의 전개는 일반적인 내용에서 구체적인 내용으로 세분화되어 전개되어야 한다.
ⓛ 인간이 소중히 여기는 이념과 가치 → ⓒ 숭고한 이념이나 가치의 종류 → ⓔ 이론적 측면과 실천적 측면 → ⓙ 실천적 측면의 내적 측면과 외적 측면

39 ③

ⓒ 도구를 만들 줄 알게 됨을 설명 → ⓙ 도구로 인한 인간의 변화 → ⓛ 변화에 대한 구체적 설명 → ⓔ 예시를 제시하고 있다.

40 ④

(가), (다), (라)는 언어의 본질과 은유에 대해 설명하고 있다. (마)는 (다)의 예로 (다) 뒤에 오는 것이 적절하며, (나)는 (마)에 대한 예로 볼 수 있으므로 (마) 뒤에 와야 한다. 따라서 (가) – (라) – (다) – (마) – (나)의 순서로 배열해야 한다.

41 ④

(다) 뒤에 '분주하고 정신이 없는 장면을 보여 주고, 나중에 그 모습에 대해서 이야기하게 해 보자.'라는 문장이 언급되고 바로 (라) 뒤에서 '어느 부분에 주목하고, 또 어떻게 그것을 해석했는지에 따라 즐겁기도 하고 무섭기도 하다.'라는 내용이 나온다. 따라서 이 두 문장을 논리적 흐름에 맞게 연결하면서 뒤의 내용을 전체적으로 포괄하기 위해 두 문장 사이에 (A)가 들어가는 것이 적절하다.

42 ②

이 글은 '문화의 다양성'을 말하고 있다. 따라서 개를 식용으로 하는 우리나라와 그렇지 않은 나라의 차이점을 언급하는 ⓛ이 두 부분으로 나누는 지점이라고 볼 수 있다.

43 ④

'버스나 지하철의 경로석에 앉지 말기', '신호등 지키기', '정당한 방법으로 돈을 벌기' 등은 사회 구성원의 약속이므로, 비록 이 약속이 개인의 이익과 충동하더라도 지켜야 한다는 것이 이 글의 주제이다.

44 ④

제시된 지문에서는 캥거루족이 증가하고 있는 사실에 대해서만 서술하고 있을 뿐 그 원인이 실업 때문이라는 언급은 없다.

45 ③

세 번째 문단에서 공시적 언어 현상은 항상 다음 단계로 변화하는 시발점이 되어 동요하고 있다고 말하고 있으므로 ③은 적절하지 않다.

46 ③

ⓛ은 '보편적 이성이란 없다'로 요약된다. 주어진 문장과 ⓒ은 ⓛ의 근거가 되는데, ⓒ에서 '~관해서도'라고 하였으므로 주어진 문장이 ⓒ보다 먼저 제시되는 것이 적절하다. 따라서 주어진 문장은 ⓛ 바로 뒤에 들어가야 한다.

47 ④

$4 \otimes 3 = 17$을 살펴보면 $4 - 3 = 1$, $4 + 3 = 7$
앞의 수와 뒤의 수를 더한 값이 뒤의 자리 수, 앞의 수에서 뒤의 수를 뺀 것이 앞의 자리 수가 된다.
$7 \otimes 2 = 59 \rightarrow 7 - 2 = 5$, $7 + 2 = 9$
$9 \otimes 3 = 612 \rightarrow 9 - 3 = 6$, $9 + 3 = 12$
$8 \otimes 6 = (\quad) \rightarrow 8 - 6 = 2$, $8 - 6 = 14 \rightarrow 214$

48 ③

$21 + 7 + 32 = 60$
$18 + 20 + 22 = 60$
$(43) + 7 + 10 = 60$
$17 + 35 + 8 = 60$

49 ④

총 광고효과 = (1회당 수익 증대 효과 + 1회당 브랜드 가치 증대 효과) × (3,000만 원 - 1년 계약금)/20만 원

- 지현 $= (100 + 100) \times \dfrac{3,000 - 1,000}{20} = 20,000$만 원
- 유미 $= (60 + 100) \times \dfrac{3,000 - 600}{20} = 19,200$만 원
- 슬기 $= (60 + 110) \times \dfrac{3,000 - 700}{20} = 19,550$만 원

- 현아 $=(50+140)\times\dfrac{3,000-800}{20}=20,900$만 원

- 지은 $=(110+110)\times\dfrac{3,000-1,200}{20}=19,800$만 원

50 ③

	재고자산 회전율(회)	매출채권 회전율(회)
A	$\dfrac{1,000}{50}=20$	$\dfrac{1,000}{30}=33.34$
B	$\dfrac{2,000}{40}=50$	$\dfrac{2,000}{80}=25$
C	$\dfrac{1,500}{80}=18.75$	$\dfrac{1,500}{30}=50$
D	$\dfrac{2,500}{60}=41.67$	$\dfrac{2,500}{90}=27.78$
E	$\dfrac{3,000}{80}=37.5$	$\dfrac{3,000}{30}=100$

51 ④

분자의 31을 분모의 숫자 70의 약수의 합으로 나타낼 수 있다면, 분모의 70과 약분이 되어 분자가 1인 단위 분수의 형태가 된다.
분모의 숫자 70의 약수는 1, 2, 5, 7, 10, 14, 35, 70이다.
이 수 중 세 수를 더해 분자의 숫자인 31이 되는 것을 만들면
7, 10, 14
이 세 수는 70의 약수이므로 분모를 70으로 하고 이 세 수를 분자로 하여 등식의 우측에 대입하면
$\dfrac{31}{70}=\dfrac{14}{70}+\dfrac{10}{70}+\dfrac{7}{70}=\dfrac{1}{5}+\dfrac{1}{7}+\dfrac{1}{10}$
그러므로 A, B, C이 값은 각각 5, 7, 10이 되며 이 세 수의 합은 $5+7+10=22$

52 ②

다섯 명이 배를 타고 안전한 섬으로 대피한 후, 한 명이 배를 몰고 다시 화산섬으로 돌아가 네 명을 구출한다. 마지막으로 다시 화산섬으로 배를 몰고 돌아가 4명을 더 태우고 화산섬에서 벗어날 수 있으므로 총 13명이 화산섬을 탈출할 수 있으나 나머지 2명은 희생될 수밖에 없다.
$5+4+4=13$명

53 ③

두 선수를 각각 A, B로 놓고 이 두 선수의 속도를 각각 $4x$, $3x$라고 한 후 링크의 둘레를 y라고 하면 이 두 선수가 처음 만나는 시간은 $\dfrac{y}{4x+3x}$, 속도가 빠른 A선수가 처음 만났을 때의 링크 상에서의 위치는 출발점으로부터 도는 방향으로
$4x\times\dfrac{y}{7x}=\dfrac{4y}{7}$

두 번째 만날 때의 위치는 $2\times\dfrac{4y}{7}=\dfrac{8y}{7}$

세 번째 만날 때의 위치는 $3\times\dfrac{4y}{7}=\dfrac{12y}{7}$

A, B가 출발점에서 다시 만났다는 것은 만나는 위치가 y의 정수배가 된다는 것을 의미하므로

7번째 만나면 $7\times\dfrac{4y}{7}=4y$

링크를 네 바퀴 돌면 B와 처음 출발했던 장소에서 7번째로 마주치게 되므로 마주치는 횟수는 두 선수의 속도의 비와 동일하게 $4+3=7$이 된다.
그러나 출발점에서 마주치는 횟수를 제외하여야 하므로 $7-1=6$회가 된다.

54 ④

색칠된 부분은 시계방향으로 두칸씩 이동하고 있으며, 별모양은 반시계방향으로 한칸씩 이동하고 있다.

55 ①

각 행의 1열 도형＋2열 도형＝3열 도형

56 ②

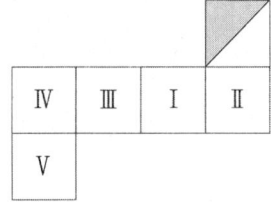

57 ③

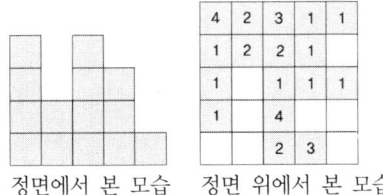

4	2	3	1	1
1	2	2	1	
1		1	1	1
1		4		
		2	3	

정면에서 본 모습   정면 위에서 본 모습

58 ④

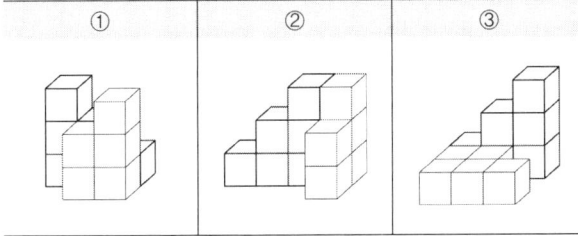

59 ②

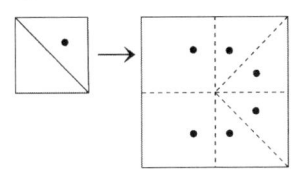

60 ②

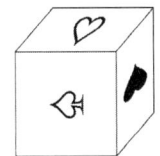

61 ①

해당 도형을 펼치면 ①이 나타날 수 있다.

62 ④

제시된 그림과 같이 쌓기 위한 블록의 개수는 20개이다.

63 ②

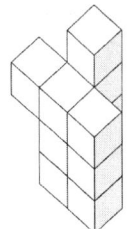

64 ③

제시된 도형을 반시계 방향으로 90° 회전하면 ③과 같이 된다.

65 ②

Å	ℂ	¥	ℂ	℃	£
£	℃	°F	Å	£	∬
¥	°F	ℂ	¥	¢	°F
℃	£	℃	£	ℂ	¢
ℂ	Å	¢	∬	¥	℃
¥	°F	¥	℃	¢	°F

66 ①

'ᄂ'는 위 기호 무리에 제시되지 않았다.

67 ③

'ϒ'는 위 기호 무리에 제시되지 않았다.

68 ③

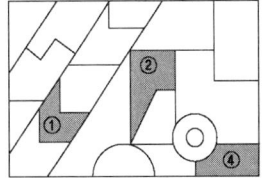

7

69 ②

중앙에 빗금 친 좌우를 번갈아 반복되고 있으며 삼각형, 사각형, 오각형으로 변하면서 원의 안쪽과 바깥쪽에 번갈아 나타나고 있다.

70 ④

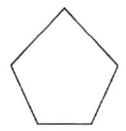

첫 번째 세로 줄의 도형들은 삼각형, 사각형, 오각형으로 변하고 있으며 두 번째 세로 줄의 도형들은 사각형, 오각형, 육각형으로 변하고 있다. 따라서 세 번째 세로 줄은 삼각형, 사각형, 오각형으로 변할 것이다.

1 ④

침전 … 액체 속에 있는 물질이 밑바닥에 가라앉음. 또는 그 물질 / 기분 따위가 가라앉음

④ 앙금 : 녹말 따위의 아주 잘고 부드러운 가루가 물에 가라앉아 생긴 층 / 마음속에 남아 있는 개운치 아니한 감정을 비유적으로 이르는 말

① 발전 : 더 낫고 좋은 상태나 더 높은 단계로 나아감

② 충전 : 메워서 채움

③ 침구 : 잠을 자는 데 쓰는 이부자리, 베개 따위를 통틀어 이르는 말

2 ②

잡다

㉠ 짐승을 죽이다.

㉡ 권한 따위를 차지하다.

㉢ 실마리, 요점, 단점 따위를 찾아내거나 알아내다.

㉣ 자동차 따위를 타기 위하여 세우다.

3 ①

② 달이다 → 다리다 : 옷의 구김을 펴기 위해 다리미로 문지르다.

③ 벌인 → 벌린(벌리다) : 둘 사이를 넓히거나 멀게 하다.

④ 너머 → 넘어(넘다) : 경계를 건너 지나다.

4 ③

밀어부치는 → 밀어붙이는

5 ③

① 해질녘

② 강낭콩

④ 허우대

6 ④

보기는 '사람이 죄나 누명 따위를 가지거나 입게 되다'의 뜻이다. 따라서 ④가 적절하다.

① 얼굴에 어떤 물건을 걸거나 덮어쓰다.

② 붓, 펜, 연필과 같이 선을 그을 수 있는 도구로 종이 따위에 획을 그어서 일정한 글자의 모양이 이루어지게 하다.

③ 머릿속에 떠오른 곡을 일정한 기호로 악보 위에 나타내다.

7 ③

① 대문 밖에서 누군가 서성거리는 모습이 보였다.

② 그 사람이 오간 데 없이 갑자기 사라져 버렸다.

④ 평소의 실력으로 봐서 그 일을 해낼 리가 없다.

8 ②

부모가 O형이 아닌데 자녀에서 O형이 나타났다면 부모는 둘 다 유전자 O를 하나씩 가지고 있다. 친할아버지의 혈액형이 AB형이기 때문에 아버지의 유전자 O는 친할머니에게서 받은 것이다. 친할머니의 혈액형이 A형이라면 유전자형은 AO가 되고 아버지는 A형(AO) 또는 B형(BO)이다. 이를 구조화하면 다음과 같다.

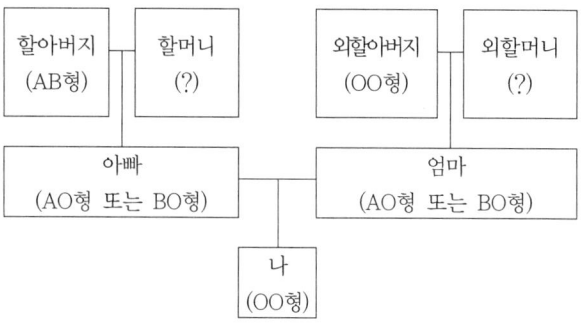

9 ①

둥글게 앉은 자리를 일렬로 펼쳐 생각해 볼 수 있다.

최 차장과 남 대리가 마주보고 앉았다는 것은 이 두 사람을 기준으로 양쪽으로 두 개의 자리씩 있다는 것이 된다. 또한 오 부장과 박 과장이 나란히 앉아 있으므로 오 부장과 박 과장은 최 차장과 남 대리가 둘로 가른 양쪽 중 어느 한쪽을 차지하고 앉아 있게 된다.

남 대리가 양 사원의 오른쪽에 앉았다고 했으므로 양 사원의 왼쪽은 남은 조 사원이 앉게 되는 경우만 있게 됨을 알 수 있다. 따라서 오 부장과 박 과장의 정확한 자리만 결정되지 않았으며, 이를 오 부장을 중심으로 시계 방향으로 순서대로 정리하면, 오 부장-박 과장-남 대리-양 사원-조 사원-최 차장의 순서 또는 오 부장-남 대리-양 사원-조 사원-최 차장-박 과장의 순서가 됨을 알 수 있다. 결국 조 사원의 양 옆에는 두 가지 경우에 모두 양 사원과 최 차장이 앉아 있게 된다.

10 ①

계산식에 따른 각 건물의 예상높이를 구하면 다음과 같다.

건물 이름	층수	실제높이 (m)	예상높이 (m)	예상높이와 실제높이의 차(m)
부르즈 칼리파	163	828	789	39
스카이 시티	220	838	960	122
나킬 타워	200	1,490	900	590
시티 타워	400	2,400	1,500	900
상하이 타워	128	632	684	52

11 ③

민수는 고속버스를 싫어하고, 영민이는 자가용을 싫어하므로 비행기로 가는 방법을 선택하면 된다.

12 ④

두 번째 조건을 부등호로 나타내면, C < A < E

세 번째 조건을 부등호로 나타내면, B < D, B < A

네 번째 조건을 부등호로 나타내면, B < C < D

다섯 번째 조건에 의해 다음과 같이 정리할 수 있다.

∴ B < C < D, A < E

① 주어진 조건만으로는 세 번째로 월급이 많은 사람이 A인지, D인지 알 수 없다.

② B < C < D, A < E이므로 월급이 가장 많은 E는 월급을 50만 원을 받고, A와 D는 각각 40만 원 또는 30만 원을 받으며, C는 20만 원을, B는 10만 원을 받는다. E와 C의 월급은 30만 원 차이가 난다.

③ B의 월급은 10만 원, E의 월급은 50만 원이므로 합하면 60만 원이다.

C의 월급은 20만 원을 받지만, A는 40만 원을 받는지 30만 원을 받는지 알 수 없으므로 B와 E의 월급의 합은 A와 C의 월급의 합보다 많을 수도 있고, 같을 수도 있다.

13 ③

조건에 따라 4명을 원탁에 앉히면 D의 왼쪽과 오른쪽에 앉은 사람은 C-B가 된다.

14 ④

주어진 조건을 표로 정리하면 다음과 같다.

경우	갑	을	병	정	무
㉠	검은색	파란색	빨간색	흰색	검은색
㉡	파란색	검은색	흰색	빨간색	파란색

따라서 보기 ④에서 언급한 바와 같이 을이 검은색 옷을 입고 있다면 갑과 무는 파란색 옷을 입고 있는 것이 되므로 파란색 옷을 입고 있는 사람은 2명이 된다.

15 ①

A가 육각형이라고 가정하면 정의 진술한 내용에서 E가 사각형이 될 수 없다. E가 사각형이 될 수 없으므로 을이 진술한 내용에서 B는 오각형이다. B가 오각형이므로 병이 진술한 내용에서 D는 오각형이 될 수 없으므로 C는 원이 된다. 그리고 C가 원이라면 갑이 진술한 내용에서 C는 삼각형이 될 수 없으므로 D는 사각형이 된다. 그러면 E는 삼각형이 된다.

따라서 A=육각형, B=오각형, C=원, D=사각형, E=삼각형이 된다.

16 ②

홀수 항은 +5, 짝수 항은 -5의 규칙을 가진다.

따라서 12 + 5 = 17

17 ④

각 수의 차를 나열해보면 2, 3, 5, 7, 11, 13으로 소수(1과 자기 자신으로만 나누어떨어지는 1보다 큰 정수)이다. 13 다음의 소수는 17이므로 빈칸에 들어갈 수는 $43+17=60$이다.

18 ③

파일을 내려 받는 데 걸린 시간 : 인터넷 사이트에 접속하는데 걸린 시간 $=4:1$

12분 30초는 750초이므로

파일을 내려 받는 데 걸린 시간 $=750 \times \dfrac{4}{5} = 600$(초)

따라서 내려 받은 파일의 크기는 $600 \times 1.5 = 900$(MB)

19 ②

안경을 낀 학생 수를 k로 하면 안경을 끼지 않은 학생 수는 $k+300$이고, $k+(k+300)=1000$에서 안경을 낀 학생 수 k는 350명이다.

이 중에서 안경을 낀 여학생을 n으로 하면 안경을 낀 남학생은 $1.5n$이고 $n+1.5n=350$에서 n은 140이 된다.

따라서 안경을 낀 여학생 수는 140명이다.

20 ③

벤치의 수를 x, 동료들의 수를 y로 놓으면

$$\begin{cases} 5x+4=y \\ 6x=y \end{cases}$$

위 두 식을 연립하면

$x=4$, $y=24$

21 ②

원래 가격을 1로 보면 $0.7 \times 0.8 = 0.56$,

원래 가격에서 56%의 가격으로 판매를 하는 것이므로 할인율은 44%가 된다.

22 ③

A 주식의 가격을 x, B 주식의 가격을 y라 하면

$x=2y$

두 주식을 각각 10주씩 사서 각각 30%, 20% 올랐으므로

$1.3x \times 10 + 1.2y \times 10 = 76,000$

B 주식의 가격을 구해야 하므로 y에 대해 정리하면

$1.3 \times 2y \times 10 + 1.2y \times 10 = 76,000$

$38y = 76,000$

$y = 2,000$(원)

23 ④

하루 일당을 계산해 보면 $6 \times 5,000 = 30,000$(원)

$2,000,000 \div 30,000 = 66.67$일 이므로

67일 동안 아르바이트를 하여야 한다.

24 ④

① 고혈압 유병률은 2025년에 감소하였고, 당뇨 유병률은 2021년과 2024년에 감소하였다.

② 고혈압 유병률은 2020년과 2025년에는 1.7%, 2023년에는 1.6% 변동이 나타났다.

③ 당뇨 유병률의 변동은 2025년에 2%였다.

25 ②

직장, 동창회, 친목 단체는 이익 사회에 해당하며, 이들 집단에서 소속감을 가장 강하게 느낀다고 응답한 비율은 남성이 더 높다.

26 ③

단풍, 고추잠자리, 추수를 통해 가을을 연상할 수 있다.

27 ③

지우개, 흑연, 육각형을 통해 연필을 연상할 수 있다.

28 ④

① 어떤 직장에 들어감

② 맡은 직무를 내놓고 물러남

③ 일정한 직업을 찾음

29 ①

② 용번하다

③ 동동거리다

④ 사부작거리다

30 ④

내이는 단단한 뼈로 둘러싸여 있다고 하였다.

31 ③

반포지효는 '까마귀 새끼가 자라서 늙은 어미에게 먹이를 물어다 주는 효'라는 뜻으로 까마귀와 관련된 한자 성어이다. 호가호위는 여우가 호랑이의 위세를 빌려 호기를 부린다는 데에서 유래한 한자 성어로 관련 있는 동물로 여우나 호랑이를 꼽을 수 있다.

32 ④

①②③ 공간 – 상품 – 하위상품 순으로 연결되어 있다.

33 ③

① 제시문에 언급되지 않은 내용이다.

② 극장가가 형성된 것은 1910년부터이다.

④ 변사는 자막과 반주 음악이 등장하면서 점차 소멸하였다.

34 ②

구비문학은 계속적으로 변하며, 그 변화가 누적되어 개별적인 작품이 존재하는 특징을 지니므로 유동문학(流動文學), 적층문학(積層文學)이라고도 한다.

35 ①

① 같은 조건이라면 좀 더 좋고 편리한 것을 택한다는 의미이다.

② 일이 우연히 잘 맞아 감을 비유적으로 이르는 말이다.

③ 남의 덕으로 분에 넘치는 행세를 하거나 대접을 받고 우쭐대는 모습을 비유적으로 표현하는 말이다.

④ 아무리 훌륭한 것이라도 다듬어 쓸모 있게 만들어야 값어치가 있음을 이른다.

36 ②

앨런 튜링은 세계 최초의 머신러닝 발명품을 고안해낸 것이 아니며, 머신러닝을 하는 체스 기계를 생각하고 있었다고만 언급되어 있으며, 이것을 현실화한 것이 알파고이다.

① 앨런 튜링의 인공지능에 대한 고안 자체는 컴퓨터 등장 이전에 '튜링 머신'을 통해 이루어졌다.

③ 알파고는 컴퓨터들과 달이 입력된 알고리즘을 기반으로 스스로 학습하는 지능을 지녔다.

④ 알파고 이전에도 바둑이나 체스를 두는 컴퓨터가 존재했었다.

37 ③

두괄식 문단은 주제문이 문단 첫머리에 위치하는 것으로 지문의 주제문인 ㉢이 가장 먼저 와야 한다.

㉠, ㉡, ㉣는 ㉢을 보여주는 사례에 해당한다.

38 ③

㈐ 화제 제시 → ㈑ ㈐의 이유 → ㈒ 화제 전환(역접) → ㈏ ㈐의 행복과 ㈒의 행복에 대한 비교 → ㈎ 결론

39 ②

㉥ 아라비아로 전해진 에티오피아의 커피

㉣ 유럽과 인도로 전해진 커피

㉡ 녹차나 홍차보다 g당 카페인 함유량이 낮은 커피

㉤ 습관성이 생기는 카페인

㉠ 커피의 부작용 1

㉢ 커피의 부작용 2

40 ③

생각과 말은 일정한 관련이 있으므로(전제) 생각은 말로 표현되어야 한다(주장).

41 ①

문단의 구성 원리를 보면 중심 문장과 뒷받침 문장 간의 관계를 통해 중심 문장의 중심내용을 잘 이해하도록 하거나 설득할 수 있도록 글을 쓰게 되어 있다. 〈보기〉는 비유적인 내용으로, 복잡하거나 어려운 내용을 비유를 통해 이해를 도우려는 것으로 볼 수 있다. 즉, 뉴스 타전이 교회의 시간 규범을 따른다는 내용을 이해하기 쉽게 설명하기 위해 아침기도는 아침 뉴스로, 저녁기도는 저녁 종합 뉴스로 바뀌었다고 비유하는 것이다.

42 ②

분노의 감정이 일었을 때 동물과 사람이 어떤 행동을 나타내는지에 대해 이야기하고 있다.

43 ②

과거 냉장고가 없던 시기에는 이웃들과 음식을 나눠 먹는 일이 빈번했지만 이제 남은 음식은 냉장고에 보관하게 되었다는 내용이 빈칸의 뒤로 이어지고 있다. 따라서 빈칸에는 ②의 내용이 가장 적절하다.

44 ③

ⓒ은 위 글의 중심문장으로 맨 앞에 와야 하고 ⓒ의 뒤를 이어 과학과 종교에 대해 이야기 하고 있는 ⓐ과 ⓔ이 와야 한다. 하지만 ⓔ이 '반면 ~'으로 시작함으로 ⓔ 앞에 ⓐ이 옴을 알 수 있다. 그리고 ⓜ은 앞에 나온 과학과 종교에 대한 내용을 한 문장으로 요약하였기 때문에 ⓔ 뒤에 와야 한다. 끝으로 ⓛ은 다시 앞에 나온 ⓜ의 내용의 반론이자 저자의 중심 생각을 강조한 내용이므로 마지막 부분에 온다.

45 ④

㈐ 포인트 카드의 사용 사례를 보여주며 화제제시
㈏ 문제제기
㈎ 포인트 카드의 특성
㈑ '바가지 가격'의 개념
㈒ 포인트 카드에서 '바가지 가격'의 적용

46 ③

그 덕분에, 그 대신, 그러나 등이 문두에 오는 ⓐ, ⓛ, ⓔ은 처음에 오기 어렵다. 따라서 제일 처음에 나올 문장은 ⓒ이다.
→ ⓒ 인간은 오랜 세월 태양의 움직임에 신체 조건을 맞추어 왔지만 → ⓔ 밤에도 빛을 이용해 보겠다는 욕구가 관솔불, 등잔불, 전등 등을 만들어 냈고, 이에 따라 밤에 이루어지는 인간의 활동이 증가했다. → ⓐ 그 덕분에 인류의 문명은 발달할 수 있었으나 → ⓛ 그 대신 사람들은 잠을 빼앗겼고, 생물들은 생체 리듬을 잃었다.

47 ③

미괄식 구성은 글쓴이가 주장하는 중심 내용이 해당 문단의 끝에 오는 구성 방식이다. 이 글의 중심 내용은 '과학 기술에 대한 지나친 낙관적 전망은 위험하다'이므로 ⓔ은 맨 뒤에 온다.
ⓛ 현대인들은 인류의 미래를 낙관적으로 전망하기도 함 → ⓜ 낙관적인 미래 전망이 얼마나 가벼운 것인지 깨닫게 해 주는 심각한 현상을 찾을 수 있음 → ⓐ 환경오염, 자원고갈, 생태계 파괴 → ⓒ 전쟁의 발발 가능성, 핵전쟁 → ⓔ 과학 기술에 대한 지나친 낙관적 전망이 위험함

48 ②

㈎ 사물은 이쪽에서 보면 모두가 저것, 저쪽에서 보면 모두가 이것이다. → ㈏ 그러므로 저것은 이것에서 생겨나고, 이것 또한 저것에서 비롯되는데 이것과 저것은 혜시가 말하는 방생의 설이다. → ㈑ 그러나 혜시도 말하듯이 '삶과 죽음', '된다와 안 된다', '옳다와 옳지 않다'처럼 상대적이다. → ㈐ 그래서 성인은 상대적인 방법이 아닌 절대적인 자연의 조명에 비추어 커다란 긍정에 의존한다.

49 ③

계산 법칙을 유추해서 적용해보면, 첫 번째 수를 두 번째 수로 나눈 후 그 값에서 제곱하면 답의 값이 나온다.
$24 * 8$을 풀이해보면, $24 \div 8 = 3$, $3^2 = 9$

50 ②

$72 \times 3 = 216$
$36 \times (9) = 324$
$41 \times 7 = 287$
$56 \times 4 = 224₩$

51 ④

경제성을 먼저 계산해 보면
- 렌터카 $= (50+10) \times 3 = \$180$
- 택시 $= 1 \times (100+50+50) = \$200$
- 대중교통 $= 40 \times 4 = \$160$

위 결과를 평가표에 반영하면

이동수단	경제성	용이성	안전성	합계
헨터카	중 → 2	상 → 3	하 → 2	7
택시	하 → 1	중 → 2	중 → 4	7
대중교통	상 → 3	하 → 1	중 → 4	8

대중교통으로 비용은 $160이다.

52 ④

㉠ $\dfrac{168}{240} \times 100 = 70(\%)$

㉡ $200 \times 0.36 = 72(\text{명})$

53 ②

전체 응시자의 평균을 x라 하면 합격자의 평균은 $x+25$, 불합격자의 평균은 전체 인원 30명의 총점에서 합격자 20명의 총점을 빼준 값에 불합격자 수 10명으로 나누어야 하므로

$$\frac{30x - 20 \times (x+25)}{10} = x - 50$$

커트라인은 전체 응시자의 평균보다 5점이 낮고 또한 불합격자의 평균 점수의 2배보다 2점이 낮으므로

$x - 5 = 2(x-50) - 2$

$x = 97$

커트라인을 구해야 하므로 $97 - 5 = 92$점

54 ③

정리하는 서류의 양이 2배가 되면 처리하는데 걸리는 평균 시간은 10% 줄어든다.
40장을 정리하는데 평균 81초가 걸리므로 추가 40장을 정리하는데 걸리는 평균 시간은
$81 \times 0.9 = 72.9$초
추가로 40장을 정리하는 시간을 구해야 하므로
$(72.9 \times 80) - (81 \times 40) = 5,832 - 3,240 = 2,592$초
분으로 고치면 $\dfrac{2,592}{60} = 43.2$분

55 ③

등산을 가기로 했던 사람의 수를 x, 실제 등산을 간 사람의 수를 y라 하면
회비와 인원 수를 곱한 총 금액이 같아야 한다.
$18,000x = 24,000y$
x, y의 차가 10명이므로 $x - y = 10$
y를 구하면 30

56 ③

시계방향으로 90도 회전하면서 직선이 하나씩 없어지고, 동그라미→네모→별 모양으로 변하고 있다.

57 ③

① $180°$ 회전
② 시계방향으로 $90°$ 회전
④ 제시된 그림과 일치

58 ④

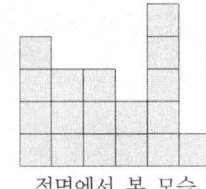

정면에서 본 모습　　정면 위에서 본 모습

59 ④

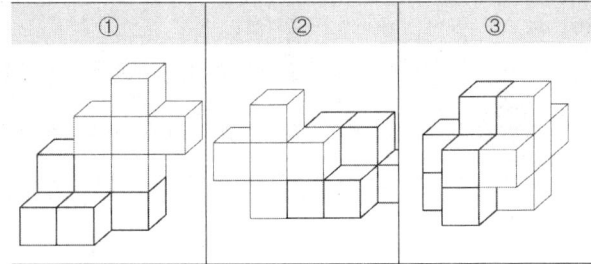

60 ③

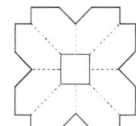

61 ②

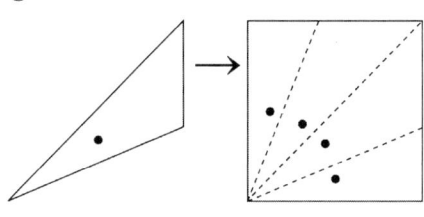

62 ②

해당 도형을 펼치면 ②가 나타날 수 있다.

63 ④

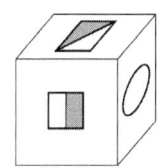

64 ①

제시된 그림과 같이 쌓기 위한 블록의 개수는 27개이다.

65 ②

A	C	Z	B	A	C
X	B	E	A	C	X
C	Y	C	X	Y	B
E	A	D	W	Z	Z
Y	Z	B	Z	E	C
X	E	Y	C	A	V

66 ②

'늑'는 위 기호 무리에 제시되지 않았다.

67 ④

'니'는 위 기호 무리에 제시되지 않았다.

68 ①

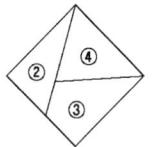

69 ③

제시된 도형의 경우 뒤에 세 개의 도형을 보고 규칙성을 찾아야 한다. 세 개의 도형을 관찰해 본 결과 화살표 모양은 135° 나아갔다가 45° 되돌아오고 있다.

70 ③

첫 번째와 두 번째의 도형이 겹쳐진 것이 세 번째 도형이다.

1 ③

영유 … 자기의 것으로 차지하여 가짐

③ 차지 : 사물이나 공간, 지위 따위를 자기 몫으로 가짐. 또는 그 사물이나 공간

① 유지 : 마을이나 지역에서 명망 있고 영향력을 가진 사람

② 제재 : 일정한 규칙이나 관습의 위반에 대하여 제한하거나 금지함. 또는 그런 조치

④ 개진 : 기술이나 낡은 제도 따위가 점차 나아져 발전함. 또는 나아지게 발전시킴

2 ④

갖추다

㉠ 있어야 할 것을 가지거나 차리다.

㉡ 필요한 자세나 태도 따위를 취하다.

㉢ 지켜야 할 도리나 절차를 따르다.

3 ③

① 기여하고저 → 기여하고자

② 퍼붇다 → 퍼붓다

③ 안성마춤 → 안성맞춤, 삵괭이 → 살쾡이, 더우기 → 더욱이

④ 굼주리다 → 굶주리다

4 ②

부는대로 → 부는 대로(의존 명사는 앞말과 띄어 쓴다.)

5 ②

보기는 '뒤에서 보살피고 도와주다'의 뜻이다. 따라서 ②가 적절하다.

① 일정한 방향으로 움직이도록 반대쪽에서 힘을 가하다.

③ 바닥이 반반해지도록 연장을 누르면서 문지르다.

④ 눌러서 얇게 펴다.

6 ①

• 음식이 입맛에 짜다.

• 물기를 짜다(=빼내다).

• 털실로 스웨터를 짜다(=만들다).

• 월급이 짜다(=인색하다).

7 ②

다음의 두 가지 경우가 될 수 있다.

㉠ [앞] 재연 – 승리(약냉방) – 철수(약냉방) – 승혁 [뒤]

㉡ [앞] 재연 – 철수(약냉방) – 승리(약냉방) – 승혁 [뒤]

8 ③

운전하는 사람은 난폭할 수도 있고 그렇지 않을 수도 있다. 따라서 철수의 아버지가 난폭한지 아닌지는 알 수 없다. 영수의 아버지는 난폭하므로 참을성이 없다.

9 ③

주어진 조건에서 확정 조건은 다음과 같다.

B, F	A, ( )	C, D, E 중 2명
( )	갑	( )

그런데 세 번째 조건에서 을은 C와 F에게 교육을 하지 않았다고 하였으므로 F가 있는 조와 이미 갑이 교육을 하는 조를 맡지 않은 것이 된다. 따라서 맨 오른쪽은 을이 되어야 하고 남는 한 조인 B, F조는 병이 될 수밖에 없다. 또한 이 경우, 을이 C를 교육하지 않았다고 하였으므로 을의 조는 D와 E가 남게 되며, C는 A와 한 조가 되어 결국 다음과 같이 정리될 수 있다.

B, F	A, C	D, E
병	갑	을

따라서 선택지 ③에서 설명된 'C는 갑에게 교육을 받는다.'가 정답이 된다.

10 ④

B의 진술이 거짓이라면 C와 D는 거짓말쟁이가 아니므로 진실을 말한 사람이 두 사람이 되므로 진실을 얘기하고 있는 사람이 한 명 뿐이라는 단서와 모순이 생기므로 B의 진술이 진실이다. B의 진술이 진실이고 모두의 진술이 거짓이므로 A의 거짓진술에 의해 B는 범인이 아니며, C의 거짓진술에 의해 A도 범인이 아니다. D의 거짓진술에 의해 범인은 D가 된다.

11 ③

① '병'과 '기'가 같은 조여서는 안 된다.
②④ '을'이 '정' 또는 '기'와 같은 조가 아니다.

12 ③

아르바이트 일수가 갑은 3일, 병은 2일임을 알 수 있다. 무는 갑이나 병이 아르바이트를 하는 날 항상 함께 한다고 했으므로 5일 내내 아르바이트를 하게 된다. 을과 정은 일, 월, 화, 목 4일간 아르바이트를 하게 된다. 병에 따라 갑이 아르바이트를 하는 요일이 달라지므로 아르바이트 하는 요일이 확정되는 사람은 세 명이다.
① 수요일에는 2명, 나머지 요일에는 4명으로 인원수는 확정된다.
② 갑은 3일, 을은 4일, 병은 2일, 무는 5일 이므로 갑과 을, 병과 정의 아르바이트 일수를 합한 값은 7로 같다.
④ 일별 인원수는 4명 또는 2명으로 모두 짝수이다.

13 ②

D	F	E	–	
				엘리베이터
B	A	C	G	

14 ①

㉠과 ㉢에 의해 A – D – C 순서이다.
㉫에 의해 나머지는 모두 C 뒤에 들어왔다는 것을 알 수 있다.
㉡과 ㉣에 의해 B – E – F 순서이다.
따라서 A – D – C – B – E – F 순서가 된다.

15 ③

제시된 숫자들은 17씩 일정하게 증가하고 있다.

16 ④

주어진 수열은 주어진 수에 각 자리의 수를 더하면 다음 수가 되는 규칙을 가지고 있다. 따라서 빈칸에 들어갈 수는 $621+6+2+1=630$이다.

17 ④

B의 나이를 x, C의 나이를 y라 놓으면
A의 나이는 $x+12$, $2y-4$가 되는데 B와 C는 동갑이므로 $x=y$이다.
$x+12=2x-4$
$x=16$
따라서 A의 나이는 $16+12=28$(살)이 된다.

18 ①

$x \times 0.05 + y \times 0.15 = 240,000$
$x + y = 3,000,000 \rightarrow x = 3,000,000 - y \cdots ㉠$
㉠을 식에 대입하면
$0.05(3,000,000 - y) + 0.15y = 240,000$
$150,000 - 0.05y + 0.15y = 240,000$
$0.1y = 90,000$
$\therefore y = 900,000$(원)

19 ③

서로 다른 음식을 시킬 경우는 다음과 같다.
짜장면 + 짬뽕 $= 4,000 + 4,000 = 8,000$
짜장면 + 볶음밥 $= 4,000 + 6,000 = 10,000$
짜장면 + 탕수육 $= 4,000 + 10,000 = 14,000$
짬뽕 + 볶음밥 $= 4,000 + 6,000 = 10,000$
짬뽕 + 탕수육 $= 4,000 + 10,000 = 14,000$
볶음밥 + 탕수육 $= 6,000 + 10,000 = 16,000$
따라서 음식가격의 평균값은
$$\frac{8,000 + 10,000 + 14,000 + 10,000 + 14,000 + 16,000}{6}$$
$$= \frac{72,000}{6}$$
$$= 12,000$$

20 ①

① B의 최대 총점(국어점수가 84점인 경우)은 263점이다.

② E의 최대 총점(영어점수가 75점, 수학점수가 83점인 경우)은 248점이고 250점 이하이므로 보충수업을 받아야 한다.

③ B의 국어점수와 C의 수학점수에 따라 D는 2위가 아닐 수도 있다.

④ G가 국어를 84점 영어를 75점 받았다면 254점으로 보충수업을 받지 않았을 수도 있다.

21 ②

65세 이상 인구수는 크게 변동이 없는 데 비해, 65세 미만 인구수는 5만여 명에서 64만여 명으로 크게 증가한 것을 알 수 있다.

① 65세 미만 인구수 역시 매년 꾸준히 증가하였다.

③ 2022년과 2023년에는 전년보다 감소하였다.

④ 증가나 감소가 아닌 변화 전체를 묻고 있으므로 2019년 (+351명), 2020년(+318명), 그리고 2022년(-315명)이 된다.

22 ②

$110 \div 60 = 1.83$

23 ①

각 제품의 예상 매출액을 구해보면 냉장고는 320억 원으로 실제 매출액과 100억 원 차이가 나고, 에어컨은 8억 원, 김치냉장고는 290억 원, 청소기는 203억 원, 세탁기는 175억 원, 살균건조기는 162억 원, 공기청정기는 135억 원, 전자레인지는 136억 원이 차이가 난다.

24 ①

전체 매출액은 3,379억 원

$\dfrac{590}{3,379} \times 100 = 17.4$

25 ②

흰머리수리, 도널드, 50을 통해 미국을 연상할 수 있다. 흰머리수리는 미국의 국조이고, 도널드 트럼프는 미국의 전직 대통령이며, 미국은 50개의 주와 1개의 특별구로 이루어져 있다.

26 ④

제시된 단어 중 오페라의 유령, 브로드웨이, 아리아를 통해 '뮤지컬'을 유추해볼 수 있다.

• 4대 뮤지컬 ··· 캣츠, 레미제라블, 미스사이공, 오페라의 유령

• 아리아 ··· 작품의 주제 혹은 주인공의 환희나 비극을 담고 있는 뮤지컬의 클라이맥스

27 ④

① 알맞게 이용하거나 맞추어 씀

② 무엇을 하기에 조건이 알맞은 땅

③ 꽤 어지간한 정도로

28 ④

무녀리 ··· 한 배의 새끼 중 맨 먼저 태어난 새끼로 언행이 좀 모자라서 못난 사람을 비유하는 말이다.

29 ④

④ '표준어를 글자로 적는 방식에는 두 가지가 있다.'라는 말에서 두 가지 방식은 소리 나는 대로 적는 방식과 의미가 잘 드러나도록 적는 방식이다. 또한 의미가 잘 드러나도록 적는 방식은 어법을 고려해 적는 방식이다. 그러므로 한글 맞춤법은 소리와 어법을 고려해 표준어를 적는 방법을 규정한 것이라 할 수 있다.

① 한글 맞춤법은 '표준어를 어떻게 글로 적을까'에 대한 원칙을 규정해 놓은 것이지 표준어를 정하는 원칙을 규정한 것이 아니다.

③ 실사를 밝혀 적는다는 것은 어법에 맞도록 적는다는 의미이다.

30 ①

대범하다와 옹졸하다는 반의어 관계이며, 척박하다는 땅이 몹시 메마르고 기름지지 못함을 이르는 말이다.

31 ②

①③④ '장소 – 주체 – 행위'의 순서로 나열되어 있다.

32 ③

첫 번째 문단에서 문제를 알면서도 고치지 않았던 두 칸을 수리하는 데 수리비가 많이 들었고, 비가 새는 것을 알자마자 수리한 한 칸은 비용이 많이 들지 않았다고 하였다. 또한 두 번째 문단에서 잘못을 알면서도 바로 고치지 않으면 자신이 나쁘게 되며, 잘못을 알자마자 고치기를 꺼리지 않으면 다시 착한 사람이 될 수 있다 하며 이를 정치에 비유해 백성을 좀먹는 무리들을 내버려 두어서는 안 된다고 서술하였다. 따라서 글의 중심내용으로는 잘못을 알게 되면 바로 고쳐 나가는 것이 중요하다가 적합하다.

33 ③

지문의 중심내용은 기존 시장 포화의 대안으로 내놓은 vip 마케팅으로 인해 오히려 어려움을 겪고 있다는 것이다. 자승자박(自繩自縛)은 스스로 만든 줄로 제 몸을 묶는다는 뜻, 자신이 한 행동과 말에 구속되어 어려움을 겪는 것을 말한다.
① 견강부회(牽強附會) : 되지도 않을 말 또는 주장을 억지로 자신의 조건이나 주장에 맞도록 하는 것을 말한다.
② 비육지탄(髀肉之嘆) : 보람 있는 일을 하지 못한 채 세월만 헛되이 보내는 것을 한탄하는 것을 이른다.
④ 화이부동(和而不同) : 주위와 조화를 이루며 지내기는 하나 부화뇌동이나 편향된 행동 등을 하지 않으며 같아지지 않는 것을 뜻한다.

34 ③

③ 강릉단오제가 언제 시작하였는지 그 정확한 연대를 알 수는 없으며 다만 여러 문헌과 현지 주민들의 이야기를 통해 적어도 9세기 이전에 기원하였을 것으로 추측하고 있다.

35 ①

나라가 약속을 지키자 백성들이 나라의 정책을 잘 따랐다는 내용으로 보아 신뢰의 중요성에 대해 이야기 하고 있는 글이라고 볼 수 있다.

36 ③

제시된 글은 헤르만 헤세의 말을 인용하여 유명하다거나 그것을 모르면 수치스럽다는 이유로 무리하게 독서를 하는 것은 그릇된 일이며, 자기에게 자연스러운 면에 따라 행동하라고 언급하고 있다. 이는 남들의 기준이 아닌 자신의 기준에 따라 하는 독서가 좋은 독서라고 주장하는 것이라고 볼 수 있다.

37 ④

제시된 글 중후반부의 "그러나 공리주의가 모든 경우에 항상 올바른 대답을 줄 수 있는 것은 아니다.", "다수의 생명을 구하기 위해 한 사람의 목숨을 희생한 행위가 정당했다고 주장하겠는가?"의 내용으로 미루어보아 알 수 있다.

38 ④

윗글의 두 번째 문단에서 '영어는 국제 경쟁력을 키우는 차원에서 반드시 배워야 한다. 하지만 영어보다 더 중요한 것은 우리의 말과 글이다.'라는 부분과 세 번째 문단에 있는 '하지만 우리의 말과 글을 바로 세우는 일에도 소홀해서는 절대 안 된다.'라고 한 부분을 통해서 ④의 내용이 필자의 주장임을 알 수 있다.

39 ④

위 글에서는 인공조형물에 대한 설명이 없으므로 보기 ④가 적절하지 않은 것이다.

40 ③

화자는 문두에서 한 번에 두 가지 이상의 일을 하는 것은 마음에게 흐트러지라고 지시하는 것이라고 언급한다. 또한 글의 중후반부에서 당신이 하는 모든 일은 당신의 온전한 주의를 받을 가치가 있는 것이어야 한다고 강조한다. 따라서 이 글의 중심 내용은 ③이 적절하다.

41 ③

ⓓ 한강전선 시찰 후 인천상륙작전을 계획한 맥아더 장군
ⓔ 상륙훈련을 지시하는 맥아더
ⓐ 병력부족으로 계획이 무산이 인천상륙작전
ⓑ 비밀리에 계속 추진된 인천상륙작전
ⓒ 9월 15일로 결정된 인천상륙작전

ⓒ 미 합동참모본부로부터 최종 승인된 인천상륙작전과 첩보대를 파견한 맥아더

42 ①

제시된 내용은 교통사고가 교통 법규를 제대로 지키지 않은 데서 발생하며, 이를 근절하기 위해 보다 엄격한 교통 법규가 필요함을 강조하고 있다.

43 ②

앞에서는 사진의 장점으로 '사실성의 강화'를 들고 있고 뒤에서는 그 단점으로 '서술성의 부족'을 지적하고 있다. 따라서 ②가 중심 내용을 바르게 파악·요약한 것에 해당한다.

44 ①

마지막 문단에서 이 글의 주제를 알 수 있다.

45 ④

창의성의 발휘는 자기 영역의 규칙이나 내용에 대한 이해뿐만 아니라 현장에서 적용되는 평가 기준과 밀접한 관련이 있다는 것이 중심 내용이다.

46 ①

철도 차량 소재의 변천 과정을 설명하고 있는 글로서, 최초의 목재에서 안전을 위한 철제 재료가 사용되었음을 언급하는 ㈐ 단락이 가장 처음에 위치한다. 이러한 철제 재료가 부식 방지와 강도 보강을 목적으로 비금속 재료로 대체 사용되기도 하였으며, 이후 강도 보강에 이은 경량화를 목적으로 소재가 바뀌게 되었고, 다시 하이브리드형 소재의 출현으로 부위별 다양한 소재의 병용 사용을 통한 우수한 기계적 특성 구현이 가능하게 되었다. 따라서 이러한 소재의 변천 과정을 순서대로 나열한 ㈐ − ㈑ − ㈎ − ㈏가 가장 자연스러운 문맥의 흐름이다.

47 ④

걸출한 커뮤니케이터들이 정치무대의 중심에 등장했고, 이들의 말 한마디가 세상을 바꾸고 있다고 했으므로 ④가 들어가는 것이 적절하다.

48 ①

$23 \oplus 8 = 3 \rightarrow 23 + 8 = 31 \rightarrow 31 \div 4$ 몫은 7, 나머지는 3
$11 \oplus 14 = 1 \rightarrow 11 + 14 = 25 \rightarrow 25 \div 4$ 몫은 6, 나머지는 1
$4 \oplus 30 = 2 \rightarrow 4 + 30 = 34 \rightarrow 34 \div 4$ 몫은 8, 나머지는 2
$25 \oplus 7 = (\quad) \rightarrow 25 + 7 = 32 \rightarrow 32 \div 4$ 몫은 8, 나머지는 0

49 ②

4개수의 관계를 가만히 살펴보면 3   4   1   2 → $3 \times 4 = 12$ 이 모든 수가 하나하나 독립적으로 분리된 것이다.
$3 \times 5 = 15 \rightarrow 3 \quad 5 \quad 1 \quad 5$
$3 \times 6 = 18 \rightarrow 3 \quad 6 \quad 1 \quad 8$

50 ①

㉠ 갑과 을 모두 경제 문제를 틀린 경우
• 갑과 을의 답이 갈리는 경우만 생각하면 되므로 2, 4, 6, 7번만 생각하면 된다.
• 2, 4, 6, 7번을 제외한 나머지 항목에 경제 문제가 있는 게 되므로 경제 문제는 20점 이므로 갑은 나머지 문제를 틀리게 되면 80점을 받을 수 없다.
• 을은 2, 4, 6, 7번을 모두 맞췄다면 모두 10점짜리라고 하더라도 최대 점수는 60점이 되므로 갑과 을 모두 경제 문제를 틀린 경우는 있을 수 없다.
㉡ 갑만 경제 문제를 틀렸다면 나머지는 다 맞춰야 한다.
• 2, 4, 6, 7번 중 하나가 경제일 경우 갑은 정답이 되고 을은 3개가 틀리게 된다. 3개를 틀려서 70점을 받으려면 각 배점은 10점짜리이어야 하므로 예술 문제를 맞춘 게 된다.
• 2, 4, 6, 7번 중 하나가 경제가 아닌 경우 을은 4문제를 틀리게 되므로 70점을 받을 수 없다.
그러므로 갑이 경제 문제를 틀렸다면 갑과 을은 모두 예술 문제를 맞춘 것이 된다.
㉢ 갑이 역사 문제 두 문제를 틀렸다면
• 2, 4, 6, 7번 문항에서 모두 틀린 경우 을은 2, 4, 6, 7번에서 2문제만 틀리고 나머지는 정답이 되므로 을은 두 문제를 틀리고 30점을 잃었으므로 경제 또는 예술에서 1문제, 역사에서 1문제를 틀린 게 된다.
• 2, 4, 6, 7번 문항에서 1문제만 틀린 경우 을은 역사 1문제를 틀리고, 2, 4, 6, 7번에서 3문제를 틀리게 된다. 그러면 70점이 안되므로 불가능하다.
• 2, 4, 6, 7번 문항에서 틀린 게 없는 경우 을은 역사 2문제를 틀리고, 2, 4, 6, 7번에서도 틀리게 되므로 40점이 된다.

51 ④

ⓛ 남자 사원인 동시에 독서량이 5권 이상인 사람은 남자 사원 4명 가운데 '태호' 한 명이다. 1/4=25(%)이므로 옳지 않은 설명이다.

ⓒ 독서량이 2권 이상인 사원 가운데 남자 사원의 비율 : 3/5
인사팀에서 여자 사원 비율 : 2/6
전자가 후자의 2배 미만이므로 옳지 않은 설명이다.

㉠ $\dfrac{독서량}{전체\ 사원\ 수} = \dfrac{30}{6} = 5$(권)이므로 옳은 설명이다.

㉢ 해당되는 사람은 '나현, 주연, 태호'이므로 3/6=50(%)이다.
따라서 옳은 설명이다.

52 ④

네 사람이 받은 금액은 x라 하면, 네 사람이 받은 금액이 모두 같으므로, 하루 매출액의 총액은 $4x$, A가 받은 금액을 계산하면 $x = 10 + (4x - 10) \times \dfrac{1}{5}$ → $\dfrac{1}{5}x = 8$ → $x = 40$만 원

하루 총매출액은 $4x$이므로 $4 \times 40 = 160$만 원

53 ①

오늘 \ 내일	비가 옴	비가 안 옴
비가 옴	$\dfrac{2}{3}$	$\dfrac{1}{3}$
비가 안 옴	$\dfrac{1}{4}$	$\dfrac{3}{4}$

어제 비가 왔고, 내일 비가 오는 경우는 오늘 비가 오는 경우와, 비가 오지 않는 경우 두 가지가 있다.

어제	오늘	내일
비가 옴	비가 옴	비가 옴
	비가 안 옴	

㉠ 오늘 비가 오는 경우 : $\dfrac{2}{3} \times \dfrac{2}{3} = \dfrac{4}{9}$

ⓛ 오늘 비가 안 오는 경우 : $\dfrac{1}{3} \times \dfrac{1}{4} = \dfrac{1}{12}$

두 가지 경우를 더하면, $\dfrac{4}{9} + \dfrac{1}{12} = \dfrac{19}{36}$ 이다.

54 ②

머리는 70cm, 몸통의 길이를 x라 하면 전체 몸길이는 $2x$, 꼬리의 길이는 $\dfrac{70+x}{2}$

전체 몸길이는 머리, 몸통, 꼬리를 더한 것이므로

$2x = 70 + x + \dfrac{70+x}{2}$

$x = 210$

전체 몸길이를 구해야 하므로 $2x = 210 \times 2 = 420$cm

55 ①

1열과 3열의 도형이 겹쳐져서 2열의 도형이 된다.

56 ④

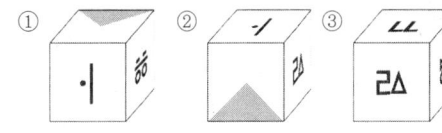

57 ①

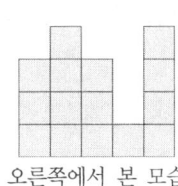

오른쪽에서 본 모습

4	1	3	2	2	2
1				1	1
3	2				1
1				1	4
3					

정면 위에서 본 모습

58 ③

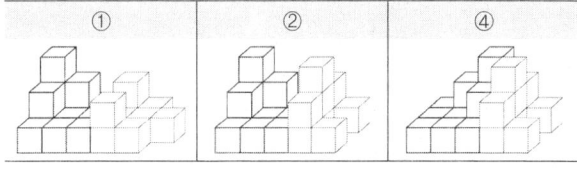

59 ①

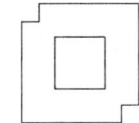

60 ④

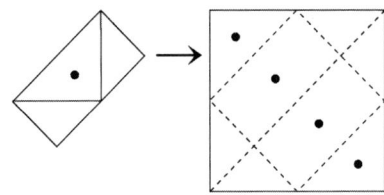

61 ①

해당 도형을 펼치면 ①이 나타날 수 있다.

62 ③

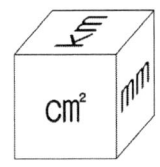

63 ①

제시된 도형을 조합하면 ①이 된다.

64 ④

가을	가지	가구	가을	**가열**	가족
가열	가방	가상	가망	가치	가지
가지	가사	가방	**가열**	가사	가구
가구	가을	가사	가상	가구	가축
가방	**가열**	가망	가지	가사	가망
가족	가지	가구	가상	가망	가을

65 ③

'시계'는 위 문자 무리에 제시되지 않았다.

66 ②

'Ö'는 위 문자 무리에 제시되지 않았다.

67 ②

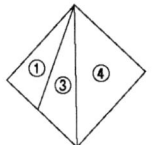

68 ②

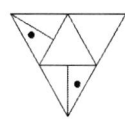

69 ①

큰 삼각형은 시계 반대 방향으로 움직이고 있으며 정점의 색이 검은색과 흰색으로 반복되고 있다.

70 ②

각 행마다 반시계 방향으로 45°씩 회전하고 있으며 끝 부분의 도형은 모두 모양이 다르다.

1 ③

세벌(世閥) … 어떤 집안이나 개인이 사회에서 차지하고 있는
신분이나 지위
① 멀리 떨어져 있어 서로 통하지 못함
② 한데 엉켜 치고받으며 어지러이 싸움. 또는 그런 싸움
④ 사람 된 바탕과 타고난 성품

2 ①

생때같다 … 몸이 튼튼하여 병이 없음을 이르는 말이다.

3 ④

① 서로 차이가 있는 것을 비교하는 경우, 비교의 대상이 되
　는 말에 붙어 '～에 비해서'의 뜻을 나타내는 격 조사이다.
② '일정한 목적 아래 만나다'의 뜻이다.
③ '눈으로 대상을 즐기거나 감상하다'의 뜻이다.
④ '눈으로 대상의 존재나 형태적 특징을 알다'의 뜻이다.

4 ②

'그러나'라는 접속어를 통해 앞의 내용과 상반되는 내용이 나와
야 함을 알 수 있다. 빈칸의 앞에는 갖가지 힐링 상품에 대해
이야기하고 있고, 뒤에는 명상이나 기도 등 많은 돈을 들이지
않고서도 쉽게 할 수 있는 일에 대해 이야기하고 있으므로 빈
칸에는 ②가 들어가는 것이 가장 적절하다.

5 ②

독서의 바른 태도와 그 방법에 대해 생각해보며 독서의 본질
이 무엇인지 깨닫게 하는 내용이다.

6 ④

④ 고급문화와 대중문화의 경계가 무너지고 장르 간 구분이
모호해지면서 서로 다른 문화가 뒤섞여 새로운 문화가 생겨나
고 있다고 언급하고 있다.

7 ③

'뿐만 아니라'의 쓰임으로 볼 때 이 글의 앞부분에는 문화와 경
제의 영역이 무너지고 있다는 내용이 언급되어야 한다. 따라서
(나) 뒤에 이어지는 것이 적절하다.

8 ①

(다) 가계조사의 정의 → (나) 가계조사의 용도 → (가) 우리나라 최
초의 가계조사 → (라) 1954년~1959년까지의 우리나라 가계조
사 → (마) 1960년 이후의 우리나라 가계조사

9 ③

'연대'란 '여럿이 함께 무슨 일을 하거나 함께 책임을 짐'을 뜻
하는 말로, '단체'와 비슷한 말이다. '모방'이란 '다른 것을 본뜨
거나 본받음'을 뜻하는 말로 '흉내'와 비슷한 말이다.

10 ④

①②③ 오른쪽 단어는 왼쪽 단어의 큰말이다.

11 ②

병의 진술과 정의 진술은 모순되기 때문에 둘 중에 하나는 거
짓이다. 갑, 을, 무의 진술을 바탕으로 표를 그리다 보면 병이
거짓을 말하고 있다는 것을 알 수 있다.

	홍보부	영업부	인사부	총무부
갑	×	×	×	○
을	○	×	×	×
병	×	×	×	×
정	×	×	○	×
무	×	○	×	×

12 ②

제시된 내용을 식으로 만들어보면,
오과장〉장백기, 안영이〉한석율, 장그래〉김대리〉오과장, 김대리〉장백기〉안영이의 순서가 된다.
따라서 이를 순서대로 나열해보면 '장그래〉김대리〉오과장〉장백기〉안영이〉한석율'이다.
그러므로 달리기가 가장 느린 사람은 한석율이다.

13 ②

삼단 논법에 따라 정립해보면 'A → B이고, B → C이면, A → C이다.'가 성립한다.
즉 '봄을 좋아하는 사람 → 감성적', '감성적 → 보라색을 좋아한다.'이므로 '봄을 좋아하는 사람 → 보라색을 좋아한다.'가 성립한다.

14 ①

혜경이가 민석이를 사랑하므로 은수는 영희를 좋아한다. 철수 또는 은수 둘 중에 한 사람만이 영희를 좋아하므로 철수는 영희를 좋아하지 않는다. 첫 번째 문장의 대우인, 철수가 영희를 좋아하지 않으면 민석이가 영희를 좋아한다. 따라서 영희를 좋아하는 사람은 민석이와 은수이다.

15 ①

준서의 점수 = 윤재의 점수 + 20점, 영건이의 점수 = 준서의 점수 − 10점
그러므로 높은 점수의 순서는 준서 > 영건 > 윤재이며 영건이와 윤재는 10점 차이이다.

16 ③

D가 치과의사라면 ㉣에 의해 C는 치과의사가 되지만 그렇게 될 경우 C와 D 둘 다 치과의사가 되기 때문에 모순이 된다. 이를 통해 D는 치과의사가 아님을 알 수 있다. ㉡과 ㉤때문에 B는 승무원, 영화배우가 될 수 없다. ㉥을 통해서는 B가 국회의원이 아니라 치과의사라는 사실을 알 수 있다. ㉢에 의해 C는 치과의사가 아니므로 D는 국회의원이라는 결론을 내릴 수 있다. 또한 ㉢에 의해 C는 영화배우가 아님을 알 수 있다. C는 치과의사도, 국회의원도, 영화배우도 아니므로 승무원이란 사실을 추론할 수 있다. 나머지 A는 영화배우가 될 수밖에 없다.

17 ②

② 주어진 결론이 반드시 참이 되기 위해서는 '자신의 방을 언제나 깨끗하게 유지하지 않는 사람은 완벽주의자가 아니다(②의 대우).'라는 전제가 필요하다.

18 ①

㉢에 의해 유치원생들은 모두 금귤이나 라임 중 하나를 반드시 좋아하므로 ㉣㉤에 따라 유치원생은 모두 레몬이나 오렌지 중 하나를 반드시 좋아한다. 따라서 지민이가 귤과 자몽을 좋아하면 지민이는 귤과 레몬을 모두 좋아하거나, 오렌지와 자몽을 모두 좋아하게 되므로 지민이는 한라봉을 좋아한다는 결과를 도출해낼 수 있다.

19 ④

㉠에 따라 갑수가 위원이 된다면, 을숙도 위원이 되어야 하는데 을숙이는 위원이 아니므로 갑수는 위원이 될 수 없다.
㉡의 전제에 따라 정연이는 환경미화위원이 된다.
㉢에 따라 병식이나 무남이 둘 중 한명은 반드시 위원이 된다.
㉣에 따르면 병식이와 무남이가 함께 위원이 되면 정연이는 위원이 되어서는 안 되는데, ㉡에서 이미 정연은 위원이 되었으므로 병식이와 무남이가 둘이 함께 위원이 될 수 없다.
㉤에 따라 정연이가 위원이므로 무남이가 위원이든 아니든 기은이는 위원이 된다.
∴ 반드시 위원이 되는 학생은 정연이와 기은이며, 병식이와 무남이 둘 중 한명은 위원이고 한명은 위원이 아니지만 누구인지 알 수 없다.

20 ①

신혜의 예측이 거짓이라면 태호의 예측도 거짓이 되므로 신혜와 태호의 예측은 참이고, 신혜의 예측이 틀렸다고 말한 수란의 예측만 거짓이 된다. 수란의 예측을 제외한 다른 사람들의 예측을 표로 나타내면 다음과 같다.

	기중	태호	신혜	수란	찬호
참/거짓	참	참	참	거짓	참
담임	X	2반	4반	1반	3반

21 ③

갑이 당첨제비를 뽑고, 을도 당첨제비를 뽑을 확률

$\frac{4}{10} \times \frac{3}{9} = \frac{12}{90}$

갑은 당첨제비를 뽑지 못하고, 을만 당첨제비를 뽑을 확률

$\frac{6}{10} \times \frac{4}{9} = \frac{24}{90}$

따라서 을이 당첨제비를 뽑을 확률은 $\frac{12}{90} + \frac{24}{90} = \frac{36}{90} = \frac{4}{10} = 0.4$

22 ③

시간은 $\frac{거리}{속도}$ 로 구할 수 있다.

직장에서 병원까지 가는데 걸리는 시간은 $\frac{10}{60} = \frac{1}{6}$ 이므로

$\frac{1}{6} \times 60 = 10$(분)이다.

병원에서 집까지 가는데 걸리는 시간은 $\frac{15}{30} = \frac{1}{2}$ 이므로

$\frac{1}{2} \times 60 = 30$(분)이다.

직장에서 집까지 가는데 걸리는 시간은 $10 + 30 = 40$(분)이 된다.

23 ②

아버지의 나이를 x 라 하고 아들의 나이를 y 라 할 때

$x + y = 66 \cdots \bigcirc$

$x + 12 = 2(y + 12) \cdots \bigcirc$

ⓛ을 풀면 $x - 2y = 12$

ⓐ에서 ⓛ을 빼면 $3y = 54$

$\therefore y = 18$

24 ④

페인트 한 통으로 도배할 수 있는 넓이를 $x\text{m}^2$,

벽지 한 묶음으로 도배할 수 있는 넓이를 $y\text{m}^2$ 라 하면

$\begin{cases} x + 5y = 51 \\ x + 3y = 39 \end{cases}$ 이므로 두 식을 연립하면 $2y = 12 \Rightarrow y = 6$, $x = 21$

따라서 페인트 2통과 벽지 2묶음으로 도배할 수 있는 넓이는

$2x + 2y = 42 + 12 = 54(\text{m}^2)$이다.

25 ②

두 자리 자연수를 $10a + b$ 라 하면 주어진 문제에 따라 다음이 성립한다.

$\begin{cases} 2a = b + 1 \\ 10b + a = (10a + b) + 9 \end{cases} \Rightarrow \begin{cases} 2a - b = 1 \\ 9a - 9b = -9 \end{cases} \Rightarrow \begin{cases} 18a - 9b = 9 \\ 9a - 9b = -9 \end{cases} \Rightarrow$

$a = 2, \ b = 3$

따라서 구하는 두 자리 자연수는 $10a + b = 23$이다.

26 ④

A 합금의 양을 x, B 합금의 양을 y 라 하면

$\frac{4}{7}x + \frac{2}{5}y = \frac{10}{19} \times 950 \Rightarrow 10x + 7y = 8750$

$\frac{3}{7}x + \frac{3}{5}y = \frac{9}{19} \times 950 \Rightarrow 5x + 7y = 5250$

두 식을 연립하면 $A = x = 700\text{g}$, $B = y = 250\text{g}$

27 ④

A가 이긴 횟수를 a, B가 이긴 횟수를 b라고 하면

$3a - b = 27$, $3b - a = 7$인 연립방정식이 만들어진다.

해를 구하면 $a = 11$, $b = 6$이므로, A는 11회를 이긴 것이 된다.

28 ③

경석이의 속력을 x, 나영이의 속력을 y 라 하면

$\begin{cases} 40x + 40y = 200 \Rightarrow x + y = 5 & \cdots \bigcirc \\ 100(x - y) = 200 \Rightarrow x - y = 2 & \cdots \bigcirc \end{cases}$ 이므로 두 식을 연립하면

$x = \frac{7}{2}, \ y = \frac{3}{2}$

따라서 경석이의 속력은 나영이의 속력의 $\frac{7}{3}$ 배이다.

29 ④

정가 $= 2200(1 + 0.3) = 2860$(원)

할인율을 x 라 하면

$2860 \times x - 2200 = -484$

$2860x = 1716$

$x = 0.6$

x는 할인율이므로 $1 - 0.6 = 0.4$

즉, 4할을 할인한 것이다.

30 ①

소금물을 떠내고 떠낸 양만큼 물을 부은 다음 2%의 소금물을 넣은 후의 소금물의 양이 320g이므로

2% 소금물의 양은 120g이라는 것을 알 수 있다.

따라서 처음 8%의 소금물에서 떠낸 소금물의 양을 x라 하면

(처음 소금물을 떠내고 남은 소금의 양)＋(2% 소금물의 소금의 양)＝(최종 소금물의 소금의 양)

$\Rightarrow \left\{ (200-x) \times \dfrac{8}{100} \right\} + \left(120 \times \dfrac{2}{100} \right) = 320 \times \dfrac{3}{100}$

$\Rightarrow \left\{ (200-x) \times \dfrac{8}{100} \right\} + \dfrac{12}{5} = \dfrac{48}{5}$

$\Rightarrow (200-x) \times \dfrac{8}{100} = \dfrac{36}{5}$

$\Rightarrow 200-x = 90$

$\therefore x = 110(\text{g})$

31 ③

㉠ 직원들의 평균 실적은 $\dfrac{2+6+4+8+10}{6} = 5$건이다.

㉣ 여자 직원이거나 실적이 7건 이상인 직원은 C, E, F로 전체 직원 수의 50% 이상이다.

㉡ 남자이면서 실적이 5건 이상인 직원은 F뿐이므로 전체 남자 직원 수의 50% 이하이다.

㉢ 실적이 2건 이상인 직원은 5명으로 이 중 남자 직원의 비율은 $\dfrac{3}{5}$이다. 이는 전체 직원 중 여자 직원 비율인 $\dfrac{2}{6}$의 2배 이하이다.

32 ③

업무단계별 총 처리비용을 계산하면 다음과 같다.

업무단계	처리비용(원)
접수확인	(신입 20건 ＋ 경력 18건 ＋ 인턴 16건) × 500원 = 27,000원
인적성(Lv1)평가	신입 20건 × 2,000원 = 40,000원
인적성(Lv2)평가	(신입 20건 ＋ 경력 18건) × 1,000원 = 38,000원
직무능력평가	인턴 16건 × 1,500원 = 24,000원
합격여부통지	(신입 20건 ＋ 경력 18건 ＋ 인턴 16건) × 400원 = 21,600원

따라서 총 처리비용이 두 번째로 큰 업무단계는 인적성(Lv2)평가이다.

33 ④

A~D의 효과성과 효율성을 구하면 다음과 같다.

구분	효과성		효율성	
	산출/목표	효과성 순위	산출/투입	효율성 순위
A	$\dfrac{500}{(가)}$	3	$\dfrac{500}{200+50} = 2$	2
B	$\dfrac{1,500}{1,000} = 1.5$	2	$\dfrac{1,500}{(나)+200}$	1
C	$\dfrac{3,000}{1,500} = 2$	1	$\dfrac{3,000}{1,200+(다)}$	3
D	$\dfrac{(라)}{1,000}$	4	$\dfrac{(라)}{300+500}$	4

• A와 D의 효과성 순위가 B보다 낮으므로 $\dfrac{500}{(가)}$, $\dfrac{(라)}{1,000}$의 값은 1.5보다 작고 $\dfrac{500}{(가)} > \dfrac{(라)}{1,000}$가 성립한다.

• 효율성 순위가 1순위인 B는 2순위인 A의 값보다 커야 하므로 $\dfrac{1,500}{(나)+200} > 2$이다.

• C와 D의 효율성 순위가 A보다 낮으므로 $\dfrac{3,000}{1,200+(다)}$, $\dfrac{(라)}{300+500}$의 값은 2보다 작고 $\dfrac{3,000}{1,200+(다)} > \dfrac{(라)}{300+500}$가 성립한다.

따라서 이 조건을 모두 만족하는 값을 찾으면 (가), (나), (다), (라)에 들어갈 수 있는 수치는 ④이다.

34 ①

① 제조원가를 제외한 나머지 항목 중 하나에서 각 회사가 지출한 비용에 비례하여 분배액을 정하므로 A사 광고홍보비, B사는 연구개발비를 분배기준으로 선호할 것이다.

② 연구개발비가 분배기준이 된다면, 총 순수익에서 B사가 분배받는 금액은 60억(제조원가의 10%) ＋ 90억(∵ 120 × 0.75) ＝ 150억으로 A사의 3배이다.

③ 판매관리비가 분배기준이 된다면, 총 순이익에서 A사가 분배받는 금액은 20억(제조원가의 10%) ＋ 60억(∵ 120 × 0.50) ＝ 80억이고, B사가 분배받는 금액은 60억(제조원가의 10%) ＋ 60억(∵ 120 × 0.50) ＝ 120억이다.

④ 광고홍보비가 분배기준이 된다면, 총 순수익에서 A사가 분배받는 금액은 20억(제조원가의 10%) ＋ 80억(∵ 120 × $\dfrac{2}{3}$) ＝ 100억으로 B사가 분배받는 금액과 동일하다.

35 ④

성인병이 있는 남성 수 $0.3x$, 성인병 없는 남성 수 $0.7x$

성인병이 있고 비만인 남성 수 $0.24x$, 성인병이면서 비만은 아닌 남성 수 $0.06x$

성인병이 없고 비만인 남성 수 $0.28x$, 성인병이 없고 비만도 아닌 남성 수 $0.42x$

비만인 남성 중 성인병이 있는 남성의 비율은

$$\frac{0.24x}{0.24x+0.28x} ≒ 46\%$$

36 ④

① F의 재정력지수 $= \frac{234}{445} ≒ 0.53$, I의 재정력지수 $= \frac{400}{580} ≒ 0.69$

④ A의 재정력지수 $= \frac{4,520}{3,875} ≒ 1.17$, B의 재정력지수 $=$

$\frac{1,342}{1,323} ≒ 1.01$

D의 재정력지수 $= \frac{500}{520} ≒ 0.96$, E의 재정력지수 $=$

$\frac{2,815}{1,620} ≒ 1.74$

37 ①

A = 92%, B = 79%, C = 65%, D = 72%

38 ①

㉠ 2025년 대비 2075년 인도의 인구는 45% 증가율을 보인다. 중국의 인구는 2025년 대비 2075년 약 9%의 증가율을 보이기 때문에 인도의 인구 증가율이 높을 것으로 예상된다.

㉡ 2025년 대비 2075년의 미국의 인구는 약 40%의 증가율을 보인다. 때문에 미국의 인구 증가율이 중국보다 높을 것으로 예상된다.

39 ①

244 × 0.03 = 7.32건

40 ①

① 20대 이하 인구가 3개월간 1권 이상 구입한 일반도서량은 2023년과 2025년 전년에 비해 감소했다.

41 ③

각 숫자의 차가 +2, ×2, −2의 순서로 변한다.

42 ①

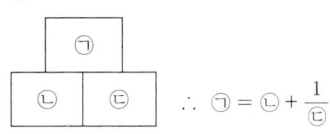

$\therefore$ ㉠ = ㉡ + $\frac{1}{㉢}$

43 ②

첫 번째 줄의 각 숫자의 차는 3이고, 두 번째 줄의 각 숫자의 차는 4이고, 세 번째 줄의 각 숫자의 차는 5이다.

44 ①

앞의 두 수를 더한 수에 1을 더하면 그 다음 수가 된다.

45 ④

앞의 두 수를 곱한 값이 그 다음 수가 된다.

46 ③

분자의 경우는 3씩 증가하고 분모의 경우는 10씩 증가하고 있다.

47 ①

분자에는 1이 계속 더해지고 있고, 분모에는 3의 배수가 더해지고 있다.

48 ②

처음의 숫자에 3^0, -3^1, 3^2, -3^3, 3^4이 더해지고 있다.

49 ①

처음의 숫자에서 1^1, 2^2, 3^3, 4^4, 5^5이 더해지고 있다.

50 ②

규칙성을 찾으면 $3 \times 5 - 12 = 3$, $4 \times 7 - 25 = 3$, $5 \times 6 - 27 = 3$이므로 $6 \times 7 - (\quad) = 3$

∴ ( ) 안에 들어갈 수는 39이다.

51 ④

왼쪽 그림의 좌측 반면을 잘라 오른쪽 반면의 우측에 붙이면 대응되는 도형이 만들어진다.

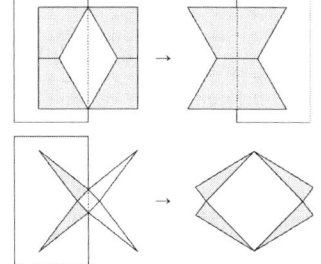

52 ③

정사각형을 상하좌우 네 개의 분면으로 구획해서 검은 점이 배열되어 있다. 이를 토대로 1사분면의 수를 1로 정하면 왼쪽 위에서부터 오른쪽으로 시계방향으로 나선 형태로 움직이면서 행 방향으로는 시계 방향(4 → 1 → 2 → 3), 열 방향으로는 반시계방향(3 → 2 → 1 → 4)으로 검은 점이 움직인다는 것을 알 수 있다. 그러므로 ( ) 안에 들어올 검은 점은 2사분면에 있어야 한다.

4	1	2	3
1	2	3	2
2	3	2	1
3	2	1	4

53 ②

숫자 1-2-3-4는 서로 순환을 한다. 코드를 잘 살펴보면 코드 A는 각 숫자에 +1을 부여하며, 코드 B는 각 숫자에 +2를 부여하고, 코드 C는 짝수에만 +1을 부여함을 알 수 있다. 문제를 살펴보면 A → C → B이므로

| 1 | 3 |
| 2 | 3 |

A →

| 2 | 4 |
| 3 | 4 |

C →

| 3 | 1 |
| 3 | 1 |

B →

| 1 | 3 |
| 1 | 3 |

54 ①

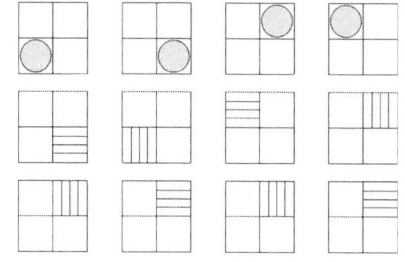

55 ②

1행 1열은 사각형 1개, 2열 2개, 3열은 3개로 이루어진다. 2행은 1행의 도형을 X축 대칭시키고 색 반전시킨다.

56 ②

화살표의 모양이 반시계 방향으로 90°씩 회전하고 있으며, 흰색과 검정색의 화살표가 반복되고 있다.

57 ④

① 시계방향으로 90° 회전
② 반시계방향으로 90° 회전
③ 180° 회전

58 ①

제시된 도형은 시계방향으로 90° 회전하면서 색이 반전되는 관계이다.

59 ②

각각 첫째줄의 동그라미와 비교해볼때 두 번째 줄의 안쪽 작은 동그라미는 색이 반전하여 대칭에 위치해있다.

60 ②

제시된 도형은 색칠된 부분은 시계방향으로 세칸 이동하고, 까만 점은 반시계방향으로 한칸 이동하는 관계이다.

61 ①

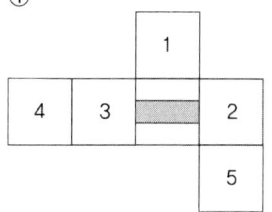

62 ③

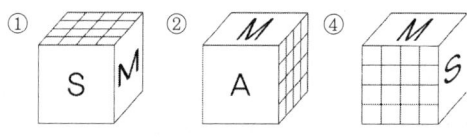

63 ②

1단 : 13개, 2단 : 5개, 3단 : 2개, 4단 : 2개, 5단 2개 총 24개

64 ①

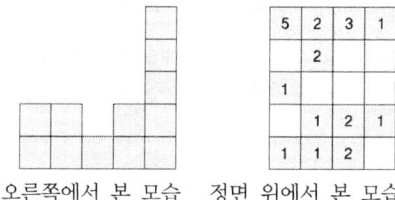

오른쪽에서 본 모습   정면 위에서 본 모습

65 ①

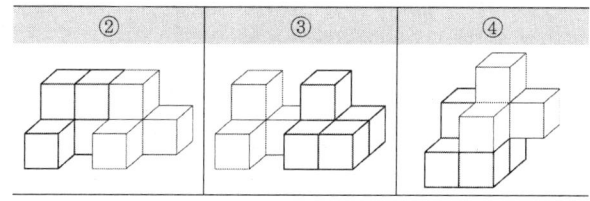

66 ④

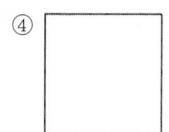

67 ②

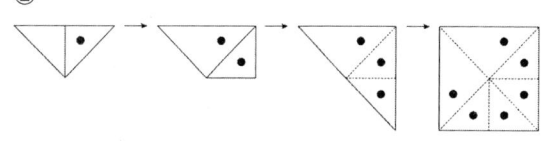

68 ①

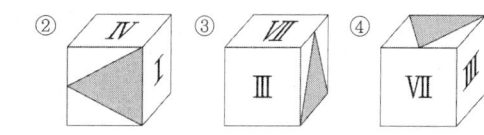

69 ①

70 ④

1단 : 22개, 2단 : 15개, 3단 : 10개, 4단 : 5개
총 52개

1 ②

요량없다 … 요량(料量)은 앞일에 대해 잘 생각하여 헤아림을 이르는 말이다.

② 일정한 줏대가 없이 이랬다저랬다 하여 몹시 실없음을 이르는 말이다.

① 올차고 여무져 실속이 있음을 이르는 말이다.

③ 날이 저물러 어스레하다.

④ 머뭇거리며 망설임을 이르는 말이다.

2 ②

조악하다 … 거칠고 나쁘다.

① 고상하고 기품이 있으며 아름답다.

② 곱고 가늘다.

③ 말이나 행동, 솜씨 따위가 거칠고 잡스러워 품위가 없다.

④ 단정하고 아담하다.

3 ③

③ 남에게 잘 알려짐으로써 얻은 신용이나 평판 또는 체면, 명예를 의미한다.

①②④ 눈·코·입 등이 있는 머리의 앞면을 의미한다.

4 ①

앞 문단에 글쓴이가 원하는 것은 '문화'라고 하였으며, 바로 뒤 문장에 '이 마음'이라고 제시되어 있으므로, 빈칸에 가장 적절한 문장은 ①이다.

③④ 바로 앞 문장에 '지금 인류에게 부족한 것은 무력도 아니요, 경제력도 아니다.'라고 제시되어 있다.

5 ①

언어의 기능

㉠ 표현적 기능 : 말하는 사람의 감정이나 태도를 나타내는 기능이다. 언어의 개념적 의미보다는 감정적인 의미가 중시된다.

  예 느낌, 놀람 등 감탄의 말이나 욕설, 희로애락의 감정표현, 폭언 등

㉡ 정보전달기능 : 말하는 사람이 알고 있는 사실이나 지식, 정보를 상대방에게 알려 주기 위해 사용하는 기능이다.

  예 설명, 신문기사, 광고 등

㉢ 사교적 기능(친교적 기능) : 상대방과 친교를 확보하거나 확인하여 서로 의사소통의 통로를 열어 놓아주는 기능이다.

  예 인사말, 취임사, 고별사 등

㉣ 미적 기능 : 언어예술작품에 사용되는 것으로 언어를 통해 미적인 가치를 추구하는 기능이다. 이 경우에는 감정적 의미만이 아니라 개념적 의미도 아주 중시된다.

  예 시에 사용되는 언어

㉤ 지령적 기능(감화적 기능) : 말하는 사람이 상대방에게 지시를 하여 특정 행위를 하게 하거나, 하지 않도록 함으로써 자신의 목적을 달성하려는 기능이다.

  예 법률, 각종 규칙, 단체협약, 명령, 요청, 광고문 등의 언어

6 ①

② '작품2'는 회화적 이미지를 첨가하여 외형적 아름다움뿐만 아니라 글자가 나타내는 의미까지 시각화하여 전달하였으므로 글자가 나타내는 의미와 상관없이 글자를 작품의 재료로만 활용하고 있다고 볼 수 없다.

③ '작품3'은 글자의 의미와는 무관하게 글자의 형태만을 활용하여 제작자의 신선한 발상을 전달하기 위한 작품으로 타이포그래피의 조형적 기능에 중점을 둔 것이라고 할 수 있다.

④ '작품1'은 가독성을 중시하였으며 타이포그래피의 언어적 기능에 중점을 둔 것이라고 할 수 있다. 그러나 '작품2'는 타이포그래피의 조형적 기능에 중점을 두면서 글자의 의미를 시각화해 전달한 작품이다.

7 ③

㈎에서 과학자가 설계의 문제점을 인식하고도 노력하지 않았기 때문에 결국 우주왕복선이 폭발하고 마는 결과를 가져왔다고 말하고 있다. ㈏에서는 자신이 개발한 물질의 위험성을 알리고 사회적 합의를 도출하는 데 협조해야 한다고 말하고 있다. 두 글을 종합해보았을 때 공통적으로 말하고자 하는 바는 '과학자로서의 윤리적 책무를 다해야 한다.'라는 것을 알 수 있다.

8 ①

㈐ 갑인자의 소개와 주조 이유 → ㈏ 갑인자의 이명(異名) → ㈑ 갑인자의 모양이 해정하고 바른 이유 → ㈒ 경자자와 비교하여 개량 · 발전된 갑인자 → ㈎ 현재 전해지는 갑인자본의 특징 → ㈓ 우리나라 활자본의 백미가 된 갑인자

9 ②

'넉넉하다'와 호응하는 것은 '마음'이고, '강물'과 호응하는 것은 '유유하다'이다.

10 ④

조선후기 실학자들의 저서를 나타낸 관계인데, 유수원의 저서는 「우서」이고 「북학의」는 박제가의 저서이다.

11 ④

주어진 〈보기〉를 그림으로 나타내면 다음과 같다.

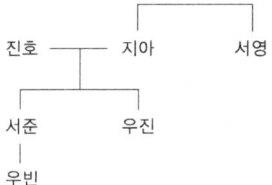

진호는 우빈이의 할아버지이므로 우빈이보다 나이가 많다.
① 서영이는 우진이의 이모이다.
② 우진이와 우빈이는 삼촌과 조카사이이다.
③ 제시된 자료를 통해서는 알 수 없다.

12 ③

조건에 따라 순번을 매겨 높은 순으로 정리하면
B-D-A-E-C가 된다.

13 ①

은규는 "180점이라..."는 말이 틀린 문장이고, 진석이는 "종혁이 너... 오~ 240점이네"라는 말이 틀린 문장이다. 그리고 종혁이는 "진석이는 은규보다 60점이 더 나왔고..."라는 말을 틀리게 말했다. 따라서 각 아이들의 점수를 확인해보면 은규는 200점, 진석이는 240점, 종혁이는 180점이 나온 것을 알 수 있다.

14 ④

대한(15세) : 4살 터울이라 했으므로, 첫째동생(11세) 둘째동생(7세) 막내동생(3세)이다.
사랑(11세) : 3살 터울이라 했으므로, 첫째동생(8세) 막내동생(5세)이다.
① 사랑이는 대한이의 막내동생보다 나이가 8살 많다.
② 대한이의 막내동생이 가장 나이가 어리다.
③ 대한이의 둘째동생보다 사랑이의 첫째동생이 나이가 많다.

15 ④

많은 노력(p), 좋은 성적(q), 부모 행복(r), 불량한 아이(s)라고 할 때 결론은 '~r→~p'가 된다. 전제3에 의해 '~r → s', 전제1에 의해 '~q → ~p(전제1의 대우)'가 성립하므로 필요한 전제는 's → ~q(또는 대우 q→~s)', 즉 '불량한 아이는 좋지 않은 성적을 얻는다(또는 대우).'이다.

16 ④

①③ 손이 작은 사람은 모두 키가 작고 손이 작은 사람 중에는 손재주를 가진 사람이 있으므로 두 명제는 참이다.
② 첫 번째 명제의 대우로 반드시 참이다.

17 ④

④ 특수 스트레칭 교육을 받는 아동 중에는 약시인 아동이 없다고 하였으므로 철이가 특수 스트레칭 교육을 받는다면 특수 영상장치가 설치되지 않은 학급에서 교육을 받는다.
①③ 모든 약시가 특수 영상장치가 설치된 학급에서 교육을 받는 것이 아니므로 반드시 참일 수 없다.
② 석이의 키가 100cm라면, 특수 스트레칭 교육을 받고, 특수 스트레칭 교육을 받는 아동 중에는 약시인 아동은 없다고 하였으므로 석이는 약시가 아니다.

18 ③

ⓒⓔ에 의해 관주 – 금주 – 한주 – 평주 순서임을 알 수 있다. 그리고 ⓔⓜⓗ에 의해 을 – 병 – 갑 – 정의 순서임을 알 수 있다.

19 ③

마지막 단서에서부터 시작해서 추론하면 된다.

직원 A는 자녀가 있으며 이직경력이 있는 사원이다. 따라서 이직경력이 있기 때문에 ⓔ에 의해 A는 우수에 속한 사원이 아니다. 또 자녀가 있으며 우수에 속하지 않았기 때문에 ⓒ에 의해 35세 미만인 것을 알 수 있다. 35세 미만이기 때문에 ⓛ에 의해 최우수에 속하지도 않고, 이 결과 A는 보통에 해당함을 알 수 있다. ⓜ에 의해 대출을 받고 있으며, 무주택 사원이 아님을 알 수 있다.

∴ A는 35세 미만이고 주택을 소유하고 있다.

20 ④

① 배출 시간은 수거 전날 저녁 7시부터 수거 당일 새벽 3시까지인데 일요일은 수거하지 않으므로 토요일 저녁 8시에 쓰레기를 내놓은 甲은 규정을 준수했다고 볼 수 없다.
② 공동주택에서 음식물 쓰레기를 배출할 경우 음식물 전용용기에 담아서 배출해야 한다.
③ 스티로폼은 별도로 묶어서 배출해야 하는 품목이다.

21 ③

A가 시간당 하는 일의 양 × 3 = B가 시간당 하는 일의 양 × 6이다. A가 시간당 하는 일의 양은 B가 시간당 하는 일의 양의 2배이므로, A, B가 시간당 하는 일의 양은 B가 혼자서 하는 일의 양의 3배이다.

따라서 B 혼자서 6시간이 걸린다면 A, B가 같이 할 때는 2시간이 걸린다.

22 ④

주사위를 한 번 던지고 다시 던지는 경우이므로 첫 번째 던지는 경우를 x, 두 번째 던지는 경우를 y라고 하면 각각의 합이 5와 같거나 클 확률과 각각의 합이 4와 같거나 클 확률은 $P(x+y \geq 4) - P(x+y \geq 5)$가 된다. 따라서 구하려는 확률은 $P(x+y=4)$가 된다.

$(x, y) = (1, 3) (2, 2) (3, 1)$

$$\therefore P(x+y=4) = \frac{3}{6 \times 6} = \frac{1}{12}$$

23 ④

교실의 크기가 $100m^3$이고, 현재 기온이 20℃이므로, $17.3 \times 100 = 1730(g)$이다.

24 ③

10번의 경기에서 평균 0.6개의 홈런 → 6개 홈런
15번의 경기에서 평균 0.8개의 홈런 → 12개 홈런
따라서 남은 5경기에서 최소 6개 이상의 홈런을 기록해야 한다.

25 ②

영희가 빨간 공을 꺼내고 철수가 빨간 공을 꺼내지 않을 확률
: $\frac{3}{10} \times \frac{7}{9} = \frac{21}{90}$

영희가 빨간 공을 꺼내지 않고 철수가 빨간 공을 꺼낼 확률 :
$\frac{7}{10} \times \frac{3}{9} = \frac{21}{90}$

두 확률을 더하면 $\frac{42}{90} = \frac{7}{15}$

26 ③

펼쳤을 때 나온 왼쪽의 쪽수를 x라 하면, 오른쪽의 쪽수는 $x+1$이 된다.
$x \times (x+1) = 506$
$x^2 + x = 506$
$x^2 + x - 506 = 0$
$(x-22)(x+23) = 0$
$\therefore x = 22$
펼친 두 면의 쪽수는 각각 22, 23가 된다.

27 ④

전체 쪽수를 x라 하면

첫째 날 읽은 쪽수 : $\frac{1}{3}x + 10$

둘째 날 읽은 쪽수 : $\frac{3}{5} \times \left(x - \frac{1}{3}x - 10 \right) + 18 = \frac{2}{5}x + 12$

마지막 날 읽은 쪽수 : 30

모두 더하면, $\frac{1}{3}x + 10 + \frac{2}{5}x + 12 + 30 = x$가 된다.

$\therefore x = 195$

28 ②

전체 종이의 넓이를 A라 하면 $\frac{1}{3}A + \frac{45}{100}A + \frac{32}{100}A = A + 27.9$

양변에 300을 곱하여 식을 정리하면

$100A + (45 \times 3)A + (32 \times 3)A = 300(A + 27.9)$

$\Rightarrow 331A = 300A + 8,370$

$\therefore A = 270(\text{cm}^2)$

29 ②

전체 학생의 집합을 U, 승마를 배우는 학생의 집합을 A, 골프를 배우는 학생의 집합을 B라 하면

$n(U) = 50$, $n(A) = 26$, $n(B) = 30$

4명을 제외한 모든 학생이 승마 또는 골프를 배운다고 하였으므로

방과 후 교실 프로그램에 참여하는 모든 학생 수는 $50 - 4 = 46$(명)이다.

따라서 승마와 골프를 모두 배우는 학생의 수는

$n(A) + n(B) - 46 = 26 + 30 - 46 = 10$(명)이다.

30 ②

휴대폰 요금이 1분당 90원이므로 하루 통화요금이 1,800원이면 20분 쓰는 것이 된다. 하루에 20분씩 사용하므로 사용누적시간이 1,500분이 되는 때는 $1,500 \div 20 = 75$(일)

1월은 31일, 2월은 28일까지 있으므로 75일이 되는 날짜를 x라 하면

$31 + 28 + x = 75$, $x = 16$

사용누적시간이 1,500분이 되는 때는 3월 16일이 된다.

31 ④

• 甲 일행

– 입장료 : 다자녀 가정에 해당하여 입장료가 면제된다.

– 야영시설 및 숙박시설 요금 : 5인용 숙박시설 성수기 요금인 85,000원이 적용되어 3박의 요금은 255,000원이다.

– 총요금 : 0원 + 255,000원 = 255,000원

• 乙 일행

– 입장료 : 동절기에 해당하여 입장료가 면제된다.

– 야영시설 및 숙박시설 요금 : 비수기이고 일행 중 장애인이 있어 야영시설 요금이 50% 할인된다. 따라서 $30,000 \times 0.5 \times 6 = 90,000$원이다.

– 총요금 : 0원 + 90,000원 = 90,000원

• 丙 일행

– 입장료 : $1,000 \times 10 \times 3 = 30,000$원

– 야영시설 및 숙박시설 요금 : $10,000 \times 9$박 $= 90,000$원

– 총요금 : $30,000 + 90,000 = 120,000$원

따라서 총요금이 가장 큰 甲 일행의 금액과 가장 작은 乙 일행의 금액 차이는 $255,000 - 90,000 = 165,000$원이다.

32 ①

A~E의 지급 보험금을 산정하면 다음과 같다.

피보험물건	지급 보험금
A	주택, 보험금액 ≥ 보험가액의 80%이므로 손해액 전액 지급 → 6천만 원
B	일반물건, 보험금액 < 보험가액의 80%이므로 손해액 $\times \dfrac{\text{보험금액}}{\text{보험가액의 80\%}}$ 지급 → $6,000 \times \dfrac{6,000}{6,400} = 5,625$만 원
C	창고물건, 보험금액 < 보험가액의 80%이므로 손해액 $\times \dfrac{\text{보험금액}}{\text{보험가액의 80\%}}$ 지급 → $6,000 \times \dfrac{7,000}{8,000} = 5,250$만 원
D	공장물건, 보험금액 < 보험가액이므로 손해액 $\times \dfrac{\text{보험금액}}{\text{보험가액}}$ 지급 → $6,000 \times \dfrac{9,000}{10,000} = 5,400$만 원
E	동산, 보험금액 < 보험가액이므로 손해액 $\times \dfrac{\text{보험금액}}{\text{보험가액}}$ 지급 → $6,000 \times \dfrac{6,000}{7,000} = $ 약 $5,143$만 원

따라서 지급 보험금이 많은 것부터 순서대로 나열하면 A – B – D – C – E이다.

33 ③

㉠ A : $\dfrac{210 \times 1,060,000}{1,000} = 222,600$대

㉡ B : $\dfrac{120 \times 820,000}{1,000} = 98,400$대

㉢ C : $\dfrac{500 \times 610,000}{1,000} = 305,000$대

㉣ D : $\dfrac{340 \times 410,000}{1,000} = 139,400$대

34 ③

㉠ A $= \dfrac{210}{1,000} \times 4 = 0.84$

㉡ B $= \dfrac{120}{1,000} \times 4 = 0.48$

㉢ C $= \dfrac{500}{1,000} \times 4 = 2$

㉣ D $= \dfrac{340}{1,000} \times 4 = 1.36$

35 ①

$29,606 - 24,785 = 4,821$천 원

36 ③

③ 경기도는 농업총수입과 농작물수입이 충청남도보다 낮다.

37 ③

$45,534 \div 14,733 = 3.09$배

38 ②

② 축산(98,622천 원), 일반밭작물(13,776천 원)

39 ④

㉠ 조선 사신의 전체 일정 중 중화↔의주 구간에서 숙박한 일수는 연도 순으로 28, 32, 33, 35일로 한양↔황주 구간에서 숙박한 일수인 12, 13, 14, 16보다 항상 10일 이상 많았다. (옳음)

㉡ 조선 사신의 전체 일정 중 책문↔북경입구 구간에서 숙박한 일수가 가장 많았다. (옳음)

㉢ 북경으로 가는 여정보다 북경에서 돌아오는 여정이 더 길었던 해는 1828년으로 중화↔의주 구간에서 숙박한 일수가 조사한 다른 해의 같은 구간에서 숙박한 일수보다 많았다. (옳음)

40 ②

백두산 : 599,000원 × 2명 ÷ 5일 = 239,600원/일

일본 : (799,000원 × 2명 × 0.8) ÷ 6일 ≒ 213,067원/일

호주 : (1,999,000 × 1.5) ÷ 10일 = 299,850원/일

41 ①

1075648부터 각 숫자에 $\dfrac{1}{14}$이 곱해지면서 변하고 있다.

42 ①

$\therefore \; ㉢ = ㉠ \times 2 + ㉡$

43 ①

오른쪽으로 이동시 11, 22, 33씩 숫자가 더해진다.

44 ③

앞의 두수를 더한 뒤 곱하기 2를 하면 다음 수가 나온다.

45 ②

처음의 숫자에서 $3^0, 3^1, 3^2, 3^3, 3^4 \cdots$ 순서대로 **뺄셈**이 되고 있다.

46 ②

첫 번째 수와 두 번째 수의 차가 합해져서 두 번째 수가 되고, 첫 번째 수와 두 번째 수의 차가 각각 더해져서 다음번 제시된 수의 차가 된다.

0 1 2 4 7 12 20 33 ( ) 88 143
  1 1 2 3 5 8 13 21 34 55

47 ②

1항, 3항, 5항, 7항의 홀수항은 각각 3^0, 3^1, 3^2, 3^3이고 2항, 4항, 6항의 짝수항은 각각 1^3, 2^3, 3^3이므로 ( )안은 $4^3=64$가 된다.

48 ③

분자의 경우 모두 1이고 분모의 경우 3이 곱해지면서 증가하고 있다.

49 ②

숫자의 차이가 ×6, ÷2가 반복되고 있다.

50 ④

첫 번째 수를 두 번째 수로 나눈 후 그 몫에 1을 더하고 있다. 그러므로 5에서 1을 뺀 후 거기에 6을 곱하면 24가 된다.

51 ④

화살표의 모양과 그에 따른 도형의 변화를 살펴보면 ↑의 경우 직사각형이던 좌측의 도형이 우측의 정사각형 형태로 위쪽 방향으로 늘렸다고 볼 수 있으며, ↔의 경우 좌우대칭임을 알 수 있다. 그렇다면 ↖은 45도 방향으로 늘리라는 의미로 볼 수 있으며, ↘의 경우는 45도 방향으로 좌우대칭임을 알 수 있다. 정답은 ④가 된다.

52 ③

그림의 도형을 각각 나누어 생각해보면

도형 전체는 90도 시계 방향으로 회전을 하였으며, 모든 도형의 색이 반전됨을 알 수 있다. 또한 작은 도형의 위치가 서로 바뀌어 있음을 알 수 있다.

그러므로 도형의 전체적인 모양을 보면 시계 방향으로 90도 회전하고 도형의 색이 반전되고 작은 도형의 위치가 바뀐 ③이 답이 된다.

53 ①

1행에서 1→2→3열 순서로 왼쪽 하단부터 시계방향으로 원의 색칠이 없어지고 있다. 2행은 1행의 도형을 Y축 대칭 시킨 것이다.

54 ②

180도 회전과 반시계방향으로의 90도 회전을 반복하고 있다.

55 ④

색칠된 부분의 위치가 한 칸, 두 칸, 세 칸, 네 칸씩 건너뛰면서 이동하고 있다. 네 칸을 건너뛰고 난 뒤에는 다시 한 칸, 두 칸, 세 칸, 네 칸씩 건너뛰는 것이 반복된다.

56 ②

① 180° 회전
③ 반시계방향으로 90° 회전
④ 시계방향으로 90° 회전

57 ③

제시된 도형은 좌우대칭의 관계이다.

58 ①

위 도형은 오른쪽으로 가면서 45° 씩 이동하고 있다.

59 ①

밖의 도형은 동그라미와 네모 순서로 바뀌고 있으며, 안쪽 네모 안에서는 색칠된 부분이 시계방향으로 한칸씩 이동하며 색칠되고 있다.

60 ③

가운데 줄의 도형은 양쪽 도형을 한쪽으로 겹쳐 만들어진 도형이다.

61 ③

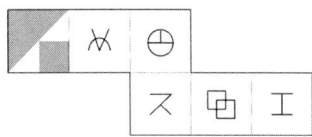

62 ③

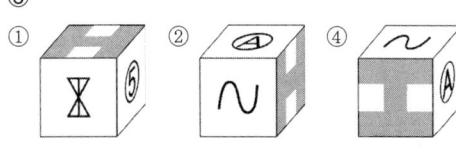

63 ③

1단 : 18개, 2단 : 6개, 3단 : 6개 총 30개

64 ③

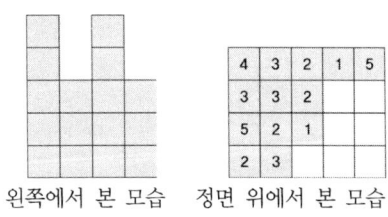

왼쪽에서 본 모습　정면 위에서 본 모습

65 ②

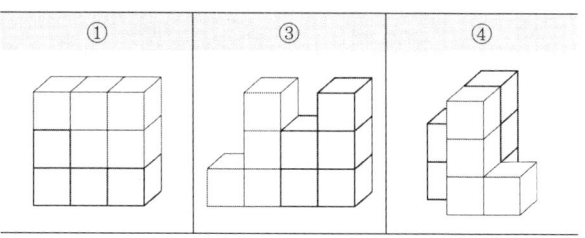

66 ①

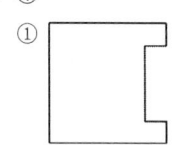

67 ④

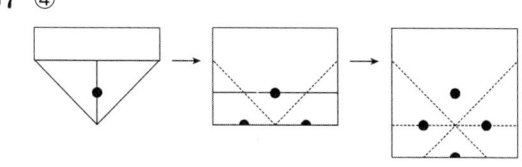

68 ①

1단 : 18개, 2단 : 10개, 3단 : 4개, 4단 : 2개, 5단 : 1개
총 35개

69 ④

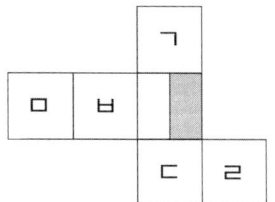

70 ③

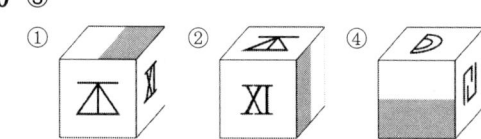